DEUS

As provas filosóficas de sua existência

Título Original - Deus, as provas filosóficas de sua existência
Copyright © Editora Escala Ltda. 2016

ISBN 85-389-0219-5

livrosescala@escala.com.br

REALIZAÇÃO
CRIATIVO MERCADO EDITORIAL

Coordenação Editorial Carlos Rodrigues
Direção de Arte Yuri Botti
Revisão Ciro Mioranza

Autor Luiz Feracine

```
Dados Internacionais de Catalogação na Publicação (CIP)
       (Câmara Brasileira do Livro, SP, Brasil)

   Feracine, Luiz
        Deus : as provas filosóficas de sua existência /
   Luiz Feracine. -- 1. ed. -- São Paulo : Editora
   Escala, 2016.

        ISBN 978-85-389-0219-5

        1. Deus - Existência 2. Religião - Filosofia
   I.Título.


16-03561                                        CDD-212.1
         Índices para catálogo sistemático:
      1. Deus : Existência : Filosofia da religião
         212.1
      2. Existência de Deus : Filosofia da religião
         212.1
```

Todos os direitos reservados. Nenhuma parte deste livro pode ser reproduzida por quaisquer meios existentes sem autorização por escrito dos editores e detentores dos direitos.
Av. Profª. Ida Kolb, 551, Jardim das Laranjeiras, São Paulo, CEP 02518-000
Tel.: +55 11 3855-2100 / Fax: +55 11 3857-9643
Venda de livros no atacado: tel.: +55 11 4446-7000 / +55 11 4446-7132
vendas@escala.com.br * www.escala.com.br

Impressão e acabamento:
Gráfica Oceano

Luiz Feracine

DEUS
As provas filosóficas de sua existência

2ª edição • Brasil • 2016

ÍNDICE

INTRODUÇÃO 06

PREFÁCIO 17

PRIMEIRA PROVA
A MOBILIDADE DOS SERES 21

SEGUNDA PROVA
A CAUSALIDADE 103

TERCEIRA PROVA
A CONTINGÊNCIA DA REALIDADE
HUMANA 163

QUARTA PROVA
PELOS GRAUS DE PERFEIÇÃO 215

QUINTA PROVA
DA FINALIDADE 259

BIBLIOGRAFIA 204

INTRODUÇÃO

I

1. De todos os problemas que acometem a vida humana, o mais grave e de consequências indescritíveis é o relativo à existência de Deus. Quer o homem queira, quer não, Deus é o princípio e o fim de tudo e de todos. Sem Ele, a vida definha no abismo da frustração, o intelecto obscurece envolto nas trevas de futilidades e a vontade gravita em torvelinhos de desespero.
Eis porque o problema de Deus se impõe de modo imperioso. É um questionamento gritante que não dá trégua. Dele, afinal, vai depender o sentido da vida e o destino na eternidade.

Antes de tudo, a questão em torno da existência de Deus é um postulado da nossa racionalidade. A inteligência como faculdade dos porquês quer encontrar a razão de ser das coisas com as quais ela se defronta. De modo incessante ela procura captar o sentido pleno da vida e do universo em seu complexo multiforme, desde as origens até sua finalidade derradeira.

Em decorrência desse impulso cogente também o problema da existência de Deus entra no rol das interrogações inquietantes, Aliás, é uma pergunta que faz parte do nosso entendimento porque, daí advém a luz que ilumina todos os demais questionamentos.

Se, como assegura Pascal, o problema de Deus configura uma aposta indeclinável porquanto necessária, então a verdade sobre tal existência é uma senda acessível a todo ser pensante, muito embora o montante infinito de sua compreensão seja inexaurível. O que importa é a viabilidade da descoberta e o deslumbramento gratificante do encontro, cuja pletora locupleta e sacia todos os impulsos especulativos da razão enquanto conforta as aspirações de beatitude.

Agostinho de Hipona estava certo ao exclamar: o homem anda insatisfeito até que, afinal, possa desafogar sua sede de felicidade, abeberando na fonte oceânica da beatitude divina. "Fizeste-nos, Senhor, para ti e nosso coração está inquieto enquanto não descansa em ti" (*Confissões*, livro I, cap. I).

Por isso não admira que Platão escrevesse, no texto das *Leis* (X, 888-6): "É de suma importância o pensamento correto a respeito dos deuses. Somente assim se pode conduzir bem a própria vida."

2. Inegável que a ciência tenha esclarecido e muito a curiosidade humana. Aquela compulsiva busca de saber e de questionar, em parte, já está sendo aplacada pelo progresso científico. Todavia a ciência, por evoluída que esteja, ainda não deu a resposta última, universal e definitiva para todo esse acervo da realidade cósmica. Ela deixa certas incógnitas no ar. Máxime, em se tratando dos primórdios e dos fins últimos, a ciência cala-se modestamente e abandona o intelecto na penumbra de interrogações insolúveis.

Aliás, a ciência está limitada pela própria natureza de sua estrutura. Ela se restringe ao fenômeno observável. Lida assim com fatos. Fora deles, ela emudece. Ora, os maiores problemas transcendem os contornos dos fenômenos sensórios. São acessíveis apenas à especulação em torno da natureza de puros inteligíveis. Observe-se, por exemplo, o significado do princípio da causalidade. Só o intelecto vê, aí, o que os sentidos físicos não enxergam.

Por isso Deus é acessível aos olhos da mente e não aos sentidos do corpo.

3. Posto que o ápice da dignidade humana reside na moral, enquanto coerência do agir com o fim último, então cabe saber qual o destino derradeiro da existência humana sobre a face da terra. Interessa acima de tudo conhecer a razão de ser da existência de cada indivíduo. Pois é de tal finalidade, que decorre o sentido de bem, de lícito, de honesto, de digno e de felicidade. Em suma, os valores autênticos que enobrecem e encantam a vida.

Agir segundo a moral nada mais é que realizar, adequadamente, a natureza do ser humano. Isso significa que o comportamento correto, honesto e bom é aquele que vem ao encontro das exigências da natureza do homem enquanto animalidade e racionalidade.

Dessa coerência do agir da estrutura essencial com o fim último da natureza humana deflui aquela sucessiva perfeição que complementa e perfaz o homem na linha da integridade progressiva de sua perfectibilidade. Como dizia Pico della Mirandola, o homem é o único ser que nasce inacabado, mas perfectível. Ele se completa ao longo da vida.

Isso não admira. Cada ser está regido pela lei de sua perfeição. Ele a atinge na medida em que atende às exigências da própria natureza. Ao invés, tudo quanto contraria a natureza, infelicita-o. Imaginem o sofrimento do boi, se tivesse que cultivar o campo para ter pastagem! Ora, o homem, além de ter que atender às exigências estruturais, é ainda compelido ao autocompletamento pela conquista da perfeição moral. De certo modo, pela moral o homem se remodela, recriando-se segundo um projeto perfeccionista.

A perfeição humana consiste em complementação na linha da sua natureza, que é racional, livre e responsável. Ela responde por si e pela comunidade em que está inserida. Tudo quanto vem ao encontro dessas dimensões finda por carrear perfeição.

Assim, a moral corporifica todo esse programa de conquista existencial. Como ser perfectível, o homem se aperfeiçoa, paulatinamente, explicitando seu potencial operativo, cuja meta próxima e imediata é o valor de bem que o felicita, aqui e agora. Mas esse teor de bem é sempre aferido pelo valor supremo do qual ele participa e deflui. O diamante não brilharia se não refletisse a luz superior do sol.

4. Ora, esse fim último e supremo consubstancia o que se entende por Deus, aquele ente máximo, transcendente e razão de ser de todos os demais seres. O valor absoluto que vale por si. O valor primeiro do qual todos os demais valores participam.

Por isso, para Deus tende o ser humano cada vez que busca algum bem. Em suma, só existe bem e bom porque existe uma fonte de onde derivam os valores éticos por via de participação.

Deus então é o sumo bem. Ele é o valor absoluto do qual irradiam os valores que movem a ação humana. Cada bem honesto reflete a perfeição solar de Deus.

5. Suponhamos então: se Deus não existe; se a perfeição excelsa e ilimitada não irradia sua luz sobre as perfeições finitas; se o mais elevado grau de verdade e de bem não passa de mera fantasia, então o homem fica relegado à própria finitude e contingência. Ele vale pelo que é e não pelo que poderia vir a ser. Sua vida tem então dois marcos: o berço e o túmulo. Nasce no sonho da ventura e finda no pó do túmulo para alimentar os vermes. Nada mais melancólico e decepcionante!

Se Deus não existe, o absoluto seria quimera. Restaria apenas o relativo com sua gama de sucedâneos. Então qualquer justificativa basta para orientar o ato humano. Despontam daí os atrativos diversos, sancionando os apetites com realizações de prazer imediato. É quando o homem decai de sua dignidade altaneira e rasteja desfigurado, esquecido de sua transcendência.

6. Todo esse panorama, no entanto, transmuda-se sob a hipótese da real existência de Deus.

O ser humano ganha a dimensão de um valor inestimável. Suas aspirações refletem a conquista da felicidade derradeira que emana da fonte divina do Criador. Tudo quanto se lhe afigura de bom, de honesto, de digno, reluz o ideal de uma possível felicidade sem limites e duradoura, concretizada no encontro com Deus no espaço da imortalidade e da eternidade. Posto que Deus existe, eis que então nós existimos por causa dele e para ele.

Deus existe? Caso seja positiva a resposta, o homem não só tem um ideal para programar e realizar sua existência terrestre, mas desse mesmo objetivo ele vai extrair a força e o incentivo para praticar o bem. Todo o dinamismo de sua vida moral advirá dessa fonte perene que lhe vai abastecer os valores cuja nobreza lhe dignifica a existência.

Deus existe? Sendo verdadeira tal assertiva, dela emana energia, luz e bálsamo.

A convicção a respeito da existência de Deus difunde aquela aragem de suavidade que inebria de estímulo, de entusiasmo e de perseverança na busca do bem.

7. A moralidade dos atos humanos, enquanto direcionamento da vida consciente e livre para uma finalidade suprema cuja plenitude de bem ou perfeição reflui sobre cada ação lícita ou eticamente boa e digna, implica uma conexão necessária entre o agente racional e seu destino último. A moral é a ponte que liga o presente das coisas contingentes e fragmentadas com a eternidade do bem absoluto e necessário. Cada ato lícito ou bom reflete um átimo daquele foco para cuja direção o homem está voltado. Da mesma forma, cada ato ilícito ou mau significa desvio ou afastamento da meta suprema.

Ora, se agir moralmente bem equivale a estar na rota do destino essencial de onde emana a felicidade humana, então desse fim supremo depende todo o sentido existencial do ser humano. Sendo Deus esse fim supremo e para Ele sendo direcionado cada ato humano, então ocorre a realização existencial de nossa natureza na busca da beatitude.

Podemos estar certos de que a ausência de convicção na realidade existencial de Deus revela o critério insofismável da decrepitude moral.

8. Não é possível enfocar o problema moral sem nos determos na questão relativa à obrigatoriedade do imperativo no âmago da consciência. Qual o fundamento último da imposição que manda adequar o comportamento com os editos da razão prática?

Por que somos compelidos a praticar o bem e a evitar o mal?

A resposta dada pelo filósofo alemão E. Kant não satisfaz. Dizia ele que o bem é praticado porque é bem. É a teoria do "deve porque deve". Destarte, o dever cego seria a fonte última da obrigação moral.

Ora, fosse isso suficiente, não haveria tanta defecção em moralidade.

Além do dever, o homem necessita de motivação para a vida honesta. Esse estímulo será tanto mais sólido quanto mais elevado o teor do seu fundamento. Ora, aceito que a lei moral nada mais é do que a expressão do projeto de Deus para felicitar suas criaturas, então o dever ganha outra dimensão. Além de proceder de uma autoridade máxima, o dever expressa um convite amoroso para a felicidade perene.

9. Suposto então que a felicidade reside, primária e essencialmente, na vida digna, honrada e respeitável da moral, então a certeza e a segurança dos valores éticos postulam a presença real de Deus. Só Ele poderia emprestar validade plena aos valores morais. Sem Ele, onde está o impulso para a prática persistente do bem? Sem Ele, de onde retirar a força que supera a fraqueza humana? Sem Ele, de onde viria a luz envolvente do ideal de uma vida superior aos apetites e às paixões?

De outro lado, sendo a vida honesta das virtudes o roteiro autêntico da felicidade, então todo ser humano, independentemente, das condições sociopoliticas da vida, tem acesso a sua realização existencial. Como diz o Pe. Leonel Franca: "Todo homem pode atingir a felicidade através de uma vida moral sincera e fiel". A felicidade torna-se possível apesar das tantas vicissitudes da existência. Basta a certeza da existência de Deus, o bem infinito e supremo, e o homem já encontra energia suficiente para conquistar o nível de morigeração e felicidade que, um dia, na eternidade, virá beatitude no encontro com o Sumo Bem pela eternidade a dentro.

10. Hoje, a tônica estimulante para exaltar os direitos humanos fundamentais consiste em frisar que dali emana o valor cujo ideal imprime sentido, beleza e fascínio existencial. Os valores que estruturam a dignidade humana são assim erigidos em ideais ou razões de ser como pessoa e do conviver como cidadão. Como diz o Pe. Leonel Franca:

"O homem que não tem um ideal a sobredourar-lhe a existência não pode viver nem é digno de viver".

Mas de onde vem a consistência desses valores e ideais? Só do fato de serem configurados como metas existenciais? Qual o critério para não confundir esses ideais como mera projeções psicossociais ou pior, com ilusionices ou sonhos ideológicos, quando não com paixões camufladas?

Dirá o filósofo que o fundamento do ideal é seu respaldo de realidade. Tem que refletir o ser fundante de todos os valores, a saber, a natureza humana. O homem é o valor real e essencial.

Todavia, quem nos garante a persistência e continuidade de tal valor fundante? O homem sempre existiu e por toda parte sofre avaliações diversas e contraditórias. Até as religiões tratam a dignidade humana de modo tão diverso e contraditório. Eis porque o homem necessita de uma realidade suprema para assegurar-lhe a verdade absoluta de seus ideais de existência e de destino. Ora, a realidade máxima que consubstancia plenitude para os ideais é a perfeição transcendente de Deus. Nele está a realidade consumada que reflete perfeição sobre os valores de suas criaturas. Nele, o real se funde com o ideal, sem fantasia nem fronteiras.

Por isso comenta o Pe. Leonel Franca: "Ou Deus existe e a vida é digna de ser vivida ou os grandes ideais que a iluminam resolvem-se em fantasmagoria de uma quimera". Felizmente, logo mais, será demonstrado, segundo todo o rigor da racionalidade lógica, que Deus existe mesmo. A sua consistência existencial ostenta mais realidade do que as coisas que entram no âmbito de nossa percepção sensorial.

II

Até a data em que E. Kant, filósofo de envergadura monumental, deu a público a obra *Crítica da razão pura*, o fenômeno de ateísmo e mesmo de agnosticismo, no mundo do pensamento erudito, era ainda esporádico e intermitente. A negação da existência de Deus só ganha foros de cidadania depois que o criador do criticismo gnosiológico abalou e desacreditou a sólida e intangível convicção a respeito da validade das provas racionais que postulam, de modo lógico. Cogente e apodítica, a realidade da existência do Ente Supremo. Verdade que o mesmo E. Kant, depois de recusar vigor à razão teórica e especulativa para elevar-se até o Absoluto, reconheceu, em obra sucessiva, *Crítica da razão prática*, ser possível encontrar, no recôndito da consciência moral, o caminho que conduz o homem até Deus. Para Kant, a existência de Deus é um postulado da moral. Sem ele, não há como fundamentar a moral. No entanto, o efeito do primeiro petardo disparado contra a divindade disseminou tantas dúvidas e incertezas que o arranjo posterior de sua filosofia pouco ou nada logrou sanar.

Hoje, o ateísmo e o agnosticismo grassam, vicejam e cobrem um segmento significativo da seara pensante do mundo da intelectualidade.

A nossa convivência diuturna com as camadas de pessoas cultas e eruditas, profissionais de proa, professores universitários, jornalistas, artistas e políticos, está a solicitar de nossa parte uma contribuição de esclarecimento, a fim de auxiliá-los no banimento de dúvidas atrozes no tocante à existência real de Deus. Muitos se interrogam angustiados: Deus existe mesmo? Por que, afinal, aceitar Deus em nossa vida? É certo? É válido racionalmente?

O presente texto pouco ou nada comporta de originalidade. Reflete apenas um esforço pessoal para ajudar a entender aquilo que tem sido ensinado pelos grandes mestres do teísmo. O conteúdo foi colhido no acervo da insondável riqueza acumulada pelos cultores da filosofia perene e retransmitida nos cursos de alto padrão dentro das melhores universidades cristãs da Europa.

Conjugando o estilo didático com o rigor da lógica clássica, objetivamos propiciar ao leitor uma leitura dissertativa da primeira das cinco provas elaboradas por Tomás de Aquino. Para acolher as dúvidas relativas à força concludente desta primeira prova, dezesseis objeções são submetidas ao crivo da análise crítica.

Queremos, aqui, perfilhar a convicção dos filósofos que traçam um itinerário racional e seguro, a fim de levar o homem ao conhecimento da existência de Deus. A. inteligência humana pode e deve não só pôr o problema de Deus e de sua natureza, mas ainda chegar, após acurada investigação, à afirmação da realidade divina como pessoa de infinita perfeição, que existe de fato.

Deus é uma verdade demonstrável. Isso porque os princípios que regem tanto a matemática como a filosofia são todos eles analíticos e desdobráveis em deduções necessárias. Por isso as conclusões são igualmente cogentes. A recusa em aceitá-las seria abdicar da racionalidade, o ápice da dignidade humana. Todavia, os argumentos denominados vias por Tomás de Aquino, embora tenham a consistência lógica dos princípios matemáticos, supera-os em objetividade. Enquanto as verdades matemáticas resultam de elaborações conceituais "a priori" e findam em conclusões necessariamente atinentes a fatos na ordem dos fenômenos quantitativos, as verdades dos argumentos a favor da existência de Deus são todas elas "a posteriori". Por isso, referendadas sempre pela efetividade de coisas reais. Vale dizer. A conclusão é real e objetiva como o ponto de partida na primeira das premissas.

Esperamos, com este ensaio, colaborar para que muitos reencontrem a presença mais real dentre todas as presenças, Deus. Afinal, Ele é o Emanuel, o Deus conosco! Independentemente do fato de ser aceito ou não. Ele é Aquele que é e Aquele que está em todo lugar. Também na inteligência que não o vê. Aliás, Agostinho de Hipona, ao referir-se à inefável presença de Deus, no mundo e no espírito humano, diz que Ele está em cada um de nós mais íntimo do que a consciência do eu: *"Intimior intimo meo"* (*Confissões*, III, 6, 11). Em suma, "é nele que vivemos, que nos movemos e que somos" (*Atos*, XVII, 28).

A título de lembrete sejam, aqui, referidas as cinco provas elaboradas pelo gênio pensante do cristianismo:

1) A prova pelo movimento

2) A prova pela causalidade

3) A prova pela contingência

4) A prova pelos vários graus de perfeição

5) A prova pela finalidade

Luiz Feracine

PREFÁCIO

1. A título de introdução ao problema da existência de Deus, é de relevante importância destacar, logo de entrada, o valor exato do tipo de argumento que os deístas usam na justificativa racional de sua convicção.

Sabemos que, ao longo da história do pensamento filosófico, três foram as posições assumidas a esse respeito. Para o primeiro grupo, o valor do argumento consiste no fato de ser estruturado *a posteriori*, isto é, em fatos experimentais e objetivos de onde deduzem a consistência de suas assertivas lógicas. Assim, Platão (*Leis*) assegura que tais argumentos gozam de sólida veracidade (n.º 899-2). Por sua vez, Agostinho de Hipona professa que as coisas da natureza proclamam, em alta voz, a existência do ser absoluto que lhes deu origem (*Confissões*, XI, 4). Conforme Anselmo de Aosta (*Opera Omnia*, vol. I, p.13), basta ser indivíduo normal para ter acesso à verdade que proclama a existência de Deus. Assim, toda uma infinidade de pensadores ao longo desses vinte e cinco séculos de metafísica e de teodiceia.

Ao invés, Frederico Hegel, no texto *Lições sobre a prova da existência de Deus*, declara que a prova relativa à verdade sobre a existência divina já caiu em total descrédito. Pertence a uma filosofia carente de credibilidade.

Por sua vez, recentemente, no século findo, K. Jaspers afirma que as provas tradicionais nada elucidam de apodítico. O mesmo asseguram os adeptos do ateísmo pregado por Jean Paul Sartre.

A par desses estão aqueles que optaram pelo ceticismo relativo. Eles atribuem às provas ("vias") um valor problemático. Entre tais pensadores, sejam aqui lembrados os protagonistas da moderna filosofia da linguagem.

2. Advertem os filósofos teístas da atualidade (Stefanini, Mondin, Maritain, C. Fabro, R. Jolivet, Leonel Franca, etc.) para o fato de não serem as provas clássicas em favor da existência de Deus algo do tipo de demonstração matemática ou geométrica. A conclusão lógica que postula a existência de Deus, nada tem com o cálculo algébrico. Não é porque o intelecto conclui pela existência de Deus, que então já desvenda a evidência de sua riqueza intrínseca e essencial. Isso já adverte para o fato que tais provas têm apenas a modesta dimensão de "via", caminho. É um começo de encontro. Muito a propósito, o atual e eminente professor italiano Adriano Alessi (*Sui sentieri dell'Assoluto*) escreve: *Dal momento che le realtà che direttamente conosciamo non sono né possomo essere se non entità finite e contingenti, l'argomentazione a favore*

dell'Assoluto non può costituire se non una prova che <u>pone sui sentieri</u> che conducono all'ineffabile senza tuttavia poterlo attingere direttamente nel suo essere. È una <u>via</u>, un itinerario che incammina con verità e certezza verso 'Assoluto senza poterlo mettere a portata di mano'.

Ocorre então referir, o pensamento de Régis Jolivet: "O termo da demonstração, nas provas da existência de Deus, finda na existência e não diretamente na essência divina."

Todavia, as provas já revelam muitos dos atributos divinos e concorrem para elucidar nosso conceito sobre a natureza divina.

PRIMEIRA PROVA

A MOBILIDADE DOS SERES

ÍNDICE

CAPÍTULO I – DEMONSTRAÇÃO PELA PRIMEIRA VIA: A PROVA PELO MOVIMENTO..............................25

1- A exposição tomista
2- Os passos do argumento
3- Análise da prova
4- A natureza do movimento
5- Estrutura ontológica do movimento
6- Os três elementos do movimento
7- Definição de potência
8- Definição de ato

CAPÍTULO II – A ESSÊNCIA DO MOVIMENTO..............................35

1- O movimento como essencialmente *"fieri"* ou *"vir a ser"*
2- O movimento e suas causas
3- Nada se move a si mesmo enquanto é móvel
4- O movimento e seus princípios básicos
5- As condições intrínseca e extrínseca do movimento
6- O movimento em sentido universal
7- O problema levantado pela escola eleática
8- A teoria do ser enquanto ato e potência como realidade obscura, mas verdadeira

CAPÍTULO III – A ESTRUTURA LÓGICA DA PROVA..................48

1- O princípio básico do argumento
2- A estrutura da segunda parte da prova
3- Recapitulando

CAPÍTULO IV – A CAUSA PRIMEIRA DE TODO MOVIMENTO............................54

1- O influxo da causa primeira é sempre atual
2- O atual influxo da causa incausada e primeira
3- O influxo permanente da causa primeira
4- O caráter metafísico da dependência na causa segunda requer, *"hic et nunc"*, a intervenção atual da causa primeira
5- A imobilidade de um motor imóvel
6- A primazia da causa primeira
7- Resumo do argumento
8- Os adversários do teísmo

CAPÍTULO V – SÍNTESES CLÁSSICAS DO PRIMEIRO ARGUMENTO.....................68

CAPÍTULO VI – AS OBJEÇÕES..................79

CAPÍTULO VII – CONCLUSÕES..............94

EPÍLOGO.............................100

CAPÍTULO I

DEMONSTRAÇÃO PELA PRIMEIRA VIA: A PROVA PELO MOVIMENTO

1. A EXPOSIÇÃO TOMISTA

Apresentamos, primeiramente, o argumento elaborado por Tomás de Aquino, na *Summa Theologica* (p. I, q. II, a 3), sob o título *Utrum Deus sit?*, ou seja, *Será que Deus existe?*

"Que Deus existe, pode-se provar por cinco vias. A primeira e a mais evidente é aquela que se infere a partir do movimento. É certo de fato e consta pelos sentidos que, neste mundo, alguma coisa se move. Ora, tudo aquilo que se move é movido por outrem. Efetivamente, nada se move senão enquanto está em potência em relação ao termo do movimento, ao passo que aquele que move, move enquanto está em ato. Mover outra coisa não é senão fazer passar algo da potência ao ato e nada pode ser reduzido da potência ao ato senão mediante um ser que já seja ato. Assim, por exemplo, o fogo, que é quente, atualmente, torna quente, em ato, a madeira que era quente somente em potência e assim transforma-a e altera. Não é possível que uma mesma coisa esteja, ao mesmo tempo e sob o mesmo aspecto, em ato e potência. Poderá estar, mas sob aspectos diversos. Assim o que está quente em ato não pode estar, ao mesmo tempo, quente em potência, mas está, ao mesmo tempo, frio em potência. É, portanto, impossível que, sob o mesmo aspecto, algo seja, ao mesmo tempo, movente e movido. De outro lado, se ele se move, é necessário que seja movido por outro e este outro por outro e assim por diante. Ora, não se pode proceder assim ao infinito porque os moventes intermediários não movem senão enquanto movidos pelo primeiro motor, assim como o bastão não move senão enquanto movido pela mão. É, portanto, necessário chegar a um primeiro motor que não seja movido por outro. Todos reconhecem que aquele é Deus".

2. OS PASSOS DO ARGUMENTO

a) Existe o movimento.

b) Nada se move a si mesmo. Pois mover-se é sair da potencialidade em direção ao ato. Se está em potência, não está em ato, não possui aquela perfeição em direção da qual se move. Se não possui a perfeição procurada, também não a pode produzir. Não se dá o que não se tem.

c) O movimento é produzido por outrem que está em ato. Nada, ao mover-se, formalmente como movimento, pode ser causa de si. Ora, esse outro que está em ato, se também sofre o processo de movimento, então recebeu a própria perfeição de outrem.

d) Essa sequência não pode ser infinita. Remontar ao infinito equivale a fugir da resposta procurada. Uma série infinita é tão precária quanto um elo finito. Se fosse uma sequência sem começo, também não existiria hoje e agora.

e) Cada movimento tem, em última instância, uma causalidade fora de si. Esta causa fora da série é também de natureza diversa das causas causadas. É mister sair das séries dos motores movidos e remontar a outra esfera, a um motor de outra ordem, que não é pré-movido, mas que move sem ser movido.

f) A causalidade primeira, que dá origem a todas as demais causas sem ser causada por outrem, é o que se denomina Deus.

g) Deus é o Motor Imóvel. Não a imobilidade passiva da potência que espera ser movida e tirada da inércia, mas a imobilidade suprema do Ato enquanto plenitude em si e por si.

h) Aí, aplicam-se vários princípios e algumas teorias sólidas da filosofia clássica:

1) Princípio da causalidade;

2) Princípio da não contradição;

3) Teoria da potência e do ato;

4) Princípio da razão suficiente;

5) Princípio da transcendência;

6) Teoria da analogia do ser.

i) Síntese do argumento segundo o filósofo Paolo Dezza, ex-professor de Filosofia da Universidade Gregoriana de Roma e Cardeal da Santa Fé: "As coisas se movem, mudam, isto é, passam da potência para o ato; por conseguinte, não são o Ato Puro, mas postulam sua ação porquanto não se transita da potência para o ato a não ser por força de um ser já em ato. Este, por seu turno, não dependerá de um outro ser a menos que seja imutável, isto é, incapaz de passar da potência para o ato porque já é o Ato Puro, isto é, Deus."(*Filosofia*, Roma, 1993, Universidade Gregoriana, p. 171).

3. ANÁLISE DA PROVA
3.1. Introdução

O problema do devir, do vir a ser

A experiência diária confronta-se com o fato da mutação. As coisas que nos circundam estão sujeitas à mudança. Elas evoluem, transformam-se, passando por uma gama de variações seja para melhor seja para pior. Nascem, crescem, desenvolvem-se e, por fim, decaem na regressão. Ora, o fato mesmo de estarem sujeitas à mudança já revela que elas não possuem a perfeição em plenitude e acabada. A variação é então índice claro da imperfeição estrutural que torna cada ser mutável algo de imperfeito e relativo.

Dessa constatação emerge a pergunta, se não estaria nisso o sinal de que cada ente finito e precário não estaria acenando para a presença de um outro ente cuja plenitude seja a explicação última daquelas formas de vir a ser.

3.2. O fato experimental

Nada mais evidente que a realidade objetiva do movimento. Nada se cria de novo e nada se destrói de vez, mas, ao mesmo tempo, nada é totalmente igual ao que era e será.

3.3. Fundamento da prova

Esta prova parte da natureza metafísica do movimento. Uma vez constatado que o ser móbil não tem em si a razão suficiente do movimento, apela-se para o princípio da causalidade. O que não tem em si a razão de ser do próprio movimento há de ter uma causa fora de si que o explica e justifica.

4. A NATUREZA DO MOVIMENTO

4.1   O núcleo lógico da prova reside na natureza do movimento como tal. Aqui, considera-se o sentido metafísico do devir, ou seja, do vir a ser ou trânsito ou passagem da potência para o ato. Isso porque todo tipo de movimento ou mudança comporta um estado de mutabilidade contínua. Ao analisar a noção de mudança, detém-se no que ela tem de essencial e comum. Por isso mesmo esse núcleo nocional é aplicado, necessariamente, a todas as formas de movimento ou mudança.

Ora, o movimento define-se como a passagem da potência para o ato.

4.2. Conceito de movimento

Antes do mais, cumpre atentar para os dois tipos básicos de movimento: o físico e o metafísico. Usa-se o termo físico na acepção aristotélica como oposto ao movimento metafísico.

4.2.1. Em sentido físico, que é o significado próprio e primeiro de movimento, entende-se um estado de mutação pelo qual o sujeito translada-se de um modo de ser para outro modo.

Em sentido físico, distinguem-se quatro espécies de movimento: primeiro, o movimento de "corrupção e geração" pelo qual o sujeito móbil perde ou adquire uma nova forma substancial ou natureza específica;

segundo, o de "alteração" pelo qual o sujeito passa de uma qualidade para uma outra contrária; terceiro, o de "transladação" ou movimento local pelo qual o móbil passa de uma posição espacial para outra; quarto, o de "aumento ou diminuição" pelo qual o sujeito transita de uma quantidade maior ou menor para outra medida.

Cabe observar que o movimento substancial é produzido instantaneamente. Salvo o caso de milagre, é sempre precedido do movimento de alteração. Claro que a esta espécie de movimento substancial a definição física só se aplica de modo impróprio e por analogia. Pelo fato dos seres começarem ou cessarem de existir ou pelo fato de certos elementos combinarem-se para formar novos corpos compostos, já se constata uma mudança análoga ou semelhante ao movimento local.

4.2.2. Em sentido metafísico, o movimento, na sua acepção mais ampla, equivale à passagem real da potência para o ato.

5. ESTRUTURA ONTOLÓGICA DO MOVIMENTO

É um acidente e não uma substância.

Os físicos entendem o movimento como uma realidade consistente em si. Pura fantasia. O movimento nada tem de realidade substancial que se comunicaria a outro ser, permanecendo idêntica a si. Há quem pensa o movimento como um líquido que se transfunde e passa para outros corpos. Nada disso. O movimento é uma qualidade inerente só a um objeto ou corpo, onde ele começa e termina. Fora e além do corpo, que se move, nada existe de movimento como tal. Existe, sim, corpo que se move e corpo movido: corpo em vias de aquecimento e corpo aquecido. Pois é pela realidade do movimento que algo se move. É pela realidade do aquecimento que o corpo fica quente. Mas o que é, a substância, o sujeito que existe, isso não é movimento. O movimento acontece em algo que já é, num sujeito. O movimento não subsiste em si, ele só subsiste em alguma substância. Daí o adágio escolástico: *accidens non est proprie loquendo, sed eo aliquid est*: "O acidente, a bem dizer, não existe, mas por ele algo existe". Isto é, o acidente só existe em outro, no que já é. Um corpo que se move, causa um movimento em outro corpo. Causa enquanto dá origem a algo novo.

Todavia não transfere o seu movimento para aquele outro. O seu vir a ser não é o vir a ser do outro. Não existe, portanto, o vir a ser subsistente em si. O devir só acontece num sujeito que sofre a mudança e incorpora o efeito como tal. Move-se. A mudança de potência para ato está na ordem dos acidentes, embora possa haver mudança dita substancial. Na geração do ser humano, por exemplo, o suporte do movimento e o sujeito de atribuição é o eu. Este passa de potência para o ato, quando é gerado. O eu transita do não ser para o ser, já que, antes de ser atual, era possível e, por isso, tão real quanto um eu atual. Como tal não passava de uma possibilidade condicionada pela junção de dois coprincípios: a matéria prima e a forma substancial que se conjugam mediante a força de alguma causa eficiente. A substância, agora real, denuncia a existência do movimento que a provocou.

Obs. 1: A fim de configurar autêntica mutação ou mudança e não mera sucessão ou substituição não basta ocorrer novidade de formas. É, sim, requerido que, no mesmo sujeito, algo se manifeste, agora, diverso do que era anteriormente. Sem a permanência do mesmo suporte não há como falar de mudança no plano metafísico.

Obs. 2: Por conseguinte, o termo movimento designa algo mais do que simples transladação. Indica mudança no sentido forte de trânsito da potência para o ato em que o mesmo sujeito adquire e incorpora uma nova determinação. Por isso, neste argumento da primeira via, o termo móvel designa tudo quanto é passível de transitar do estado de potencialidade para o de ato ou atualização real. Por sua vez, o termo motor é aquele ente apto para reduzir ou para fazer transitar o móvel do estado de potência para o estado de ato correspondente. Evidente que o motor corporifica a causa eficiente do movimento. Pode também ser visto como causa final.

6. OS TRÊS ELEMENTOS DO MOVIMENTO

O movimento implica três elementos distintos: primeiro, um ente que se move, o móbil; segundo, um termo do qual o móbil se afasta (*terminus a quo*); terceiro, um termo do qual se aproxima e a que chega (*terminus ad quem*).

Para haver movimento, o móbil (*movens*) não pode estar no ponto "*ad quem*". Caso contrário, estaria em estado de repouso e não de trânsito. Movimento supõe que o móbil deixou o termo "*a quo*" e tende atualmente para o termo "*ad quem*". O termo "*ad quem*" é possuído só em potência. É uma potencialidade que está se realizando, gradativamente, mas ainda não atuada, não plenamente preenchida de perfeição atual. Uma vez atuada, isto é, reduzida ao ato, cessa a potência e o movimento termina.

Eis então que este primeiro argumento tem como base de raciocínio a natureza mutável do ser móvel formalmente como tal, ou seja, enquanto composto intrinsecamente de potência e de ato. Assim o conceito de mudança aplica-se a todo e qualquer movimento seja ele acidental seja substancial quer instantâneo quer sucessivo.

É bem essa aptidão do ser móvel, esse seu poder real de ter sem ter que torna inteligível o tender do sujeito na direção do ato e da conquista dele. Assim o ferro que vai ser aquecido. Ele ainda não tem a temperatura que o faz quente. De princípio apenas é apto para tê-la. Caso já possuísse tal grau de temperatura, ele não iria adquiri-la porquanto já estava em posse dela. Eis o sentido do axioma: *Nihil movetur nisi secundum quod est in potentia ad illud quod movetur*: "Nada se move a não ser enquanto está em potência para aquilo em cuja direção move-se".

7. DEFINIÇÃO DE POTÊNCIA

Em primeiro lugar, devemos convir no seguinte: onde há movimento, aí há ser. Pois se nada houvesse, nada se moveria. Mas, como será demonstrado, trata-se de um grau diminuto de ser. O que se move é um ser ainda não realizado. Por isso o movimento é um ser real. Se existe movimento, já existe algum ser, isto é, algo fora da esfera do nada. Mas enquanto ser-potencialidade incorpora um grau mínimo de realidade. Por sinal, uma realidade radicalmente impotente.

Vale dizer. O movimento é ato porque existe, mas não é atualidade acabada porque está ainda em fase de vir a ser. O grau mínimo de ser que estrutura um movimento é o estado de possibilidade. O mundo, antes de ser criado por Deus, já existia no nível de possibilidade na mente divina.

Eis porque define-se o movimento como *actus existentis in potentia in quantum huiusmodi*. Ou seja: "o ato de ser em potência enquanto está em potência". Pois o movimento é ato, já que existe, mas não é atualidade acabada ou plena porque ainda vem a ser. Enquanto em processo de vir a ser, ele sofre mutação.

É bem tal potencialidade no móbil, esse poder ter sem ainda possuir, esse atualizar-se progressivamente que torna inteligível a tendência do sujeito para uma perfeição e o consequente fato de adquiri-la. O ferro em fase de aquecimento, por exemplo, não possui ainda a temperatura que o torna fervente, mas pode adquiri-la. É tal fenômeno que se traduz na fórmula: "nada é movido a não ser segundo o que está em potência para aquilo em direção do qual é movido". Em latim *Nihil movetur nisi secundum quod est in potentia ad illud ad quod movetur.*

8. DEFINIÇÃO DE ATO

Ao estado de potência ou capacidade de perfeição contrapõe-se o estado de estar em ato. O ato é assim uma determinação ou perfeição. O ser em potência não possui ainda a realidade da perfeição de que carece. Vai atingi-la, quando, chegar ao estado de ato. De outro lado, para mover e produzir algo, o ser há de estar em ato. Antes disso, ele não possui aquela perfeição nem aquela determinação específica. Uma vez em estado de ato, atuado, ele pode, por sua vez, gerar outro movimento. O grão de cereal está em ato quanto à vida vegetal. Por isso consegue mover, extrai da terra os elementos químicos e desenvolver-se em vista de outras perfeições. Também o ferro, uma vez aquecido, pode esquentar outras coisas.

O ato representa sempre uma perfeição na linha da potência. O vegetal, que está em potência para tornar-se carne, é uma perfeição inferior à carne propriamente dita. Todo movimento comporta acréscimo ou diminuição da perfeição.

Em resumo: o ato é uma perfeição enquanto novidade entitativa; a potência, uma capacidade de receber determinação positiva ou negativa, de aumento ou regressão.

CAPÍTULO II

A ESSÊNCIA DO MOVIMENTO

1. O MOVIMENTO COMO ESSENCIALMENTE "FIERI" OU VIR A SER

Há quem pensa ser o movimento uma realidade em si e subsistente por si. Algo que permanece idêntico a si mesmo. Nada disso, porém. O movimento é essencialmente, mobilidade, mudança ininterrupta, fluxo. Identidade sim, mas nunca idêntica ao que era ou ao que agora é. O movimento não é; ele, de contínuo, é devir. É um deixar de ser (isto e aqui) e um começar a ser (ali e aquilo), tendendo a ser ou estar alhures e ser outra coisa, sem jamais estar completado. É um *"fieri"*, isto é, um tornar-se. Logo assim que o movimento perde a característica de *"fieri"*, já não há como falar de *"motus"*, ou seja, de movimento. Ele é então ato, determinação, perfeição. Enquanto movimento, o ser é ato inacabado; cessado o movimento, o ser é ato acabado ou perfeição atualizada ou simplesmente ato.

2. O MOVIMENTO E SUAS CAUSAS

O movimento só encontra explicação de sua natureza no ente que o move.

2.1. Aí, o sujeito é a causa material. Pois o sujeito que se move é aquilo de carente da perfeição em confronto da qual está em potência. Mas tal potência é mera capacidade de receber. Não é ainda a perfeição atual. Caso o sujeito estivesse em posse da perfeição, para a mesma não estaria em marcha. Não tenderia para ela. O fim da potência é o ato, isto é, a perfeição que o realiza na atualidade.

2.2. O movimento como passagem explica-se pelo ente que o move (causa eficiente). Este é distinto do sujeito que se move. Pois o que move é uma realidade, contendo em ato aquilo que o móbil contém só em potência e procura alcançar. A causa eficiente encerra em si, de modo virtual, a perfeição da potência. É por isso que ela pode exercer influxo sobre a potência e retirá-la do estado de possibilidade.

2.3. Além disso, o movimento depende do ente para o qual se move (causa final). Só o que existe pode servir de atração para o desempenho da potencialidade. O fim é pólo de atração.

2.4. Daí aquela definição metafísica de movimento dada por Aristóteles: "O movimento é o ato do ser em potência enquanto em potência". Vale dizer. Se o ser move-se, então o ser em potência sai do estado de inércia e entra no estado de trânsito. O seu devir, sua tendência está em ato. Porém, é um ato incompleto. Assim, o movimento é um ato imperfeito de um ser em potência que não alcançou ainda a plena perfeição para a qual caminha. Em suma, ato de um ser potencial que ainda continua sendo potência porquanto está inacabado.

2.5. Merece ainda realce. Se o movimento não exigisse uma causa extrínseca, isto é, de fora do móbil e em condições diversas de determinação (positiva ou negativa), mas fosse autossuficiente, bastando a si mesmo, ocorreria algo de absurdo e ilógico. Pois uma coisa que não é, seria, embora. não sendo e uma coisa que, não sendo, não obstante isso, sê-lo-ia. Eis a negação frontal dos princípios da identidade e da não contradição. Com efeito, já que o movimento postula, no móvel, a ausência. da determinação em cujo sentido tende, posto que, por si só já a possuísse, isto é, se o tender para ou o atualizar-se proviessem do móvel mesmo formalmente como móvel, ou seja, enquanto carente da determinação colimada, daí decorreria o seguinte: embora não tendo (pois move-se para alcançá-la), já a teria (pois é causa por si mesmo da posse dela). De outro lado, não sendo (não estando em posse daquela determinação), seria (isto é, estaria em posse dela). Enfim, não sendo, seria! Consequentemente, algo seria e não seria *"simut el secundum idem"*, isto é, ao mesmo tempo e sob o mesmo aspecto. Eis o absurdo cabal.

3. NADA SE MOVE A SI MESMO ENQUANTO É MÓVEL

3.1. É de ver, agora, se o fluxo misterioso do vir a ser basta por si mesmo para realizar suas condições essenciais de movimento.

Posto que um ente não tenha, de fato, uma perfeição, então ele não pode ser a causa da mesma perfeição. Não há como realizá-la por si. Pois para mover-se e concretizar-se, deveria ter aquela perfeição. Na hipótese, porém, ele não a tem. Se a tivesse, não precisaria caminhar para adquiri-la. Isso significa: aquilo que move, que torna atual, que causa, dando a perfeição, deve de estar na posse, no ato da perfeição que vai comunicar. Aliás, ninguém dá o que não tem.

Convém aclarar o valor veritativo deste axioma: "não se dá uma perfeição que não se tem". Pois um ente que não possui determinação, perfeição, também não pode ser a causa por si mesmo daquela perfeição nem pode por si mover-se ao encontro dela para conquistá-la e dela tomar posse, integrando-a no seu ser. De fato, para poder mover-se naquele sentido, para tornar aquela perfeição elemento integrante de si, necessário fora já ter o que lhe falta. Mas ocorre que, no caso, o ente não a possui. Pois se a tivesse, não estaria carente dela. Eis então porque ninguém dá o que não tem.

De outro lado, se o que possui um fator distinto da potência, explica a nova determinação, então o movimento depende de um movente distinto do móvel.

Eis o sentido do texto de Tomás de Aquino: *Movet autem aliquid secundum quod est in actu; movere enim nihil aliud est quam educere aliquid de potentia in actum. De potentia non potest aliquid reduci in actum nisi per aliquod ens in actu*. Em vernáculo: "Move alguma coisa o que já está em ato; pois mover nada mais é do que tirar algo do estado potencial e levá-lo ao estado de perfeição. Ora, da potência nada é reduzido a ato a não ser por um ente já em ato".

3.2. Bem se vê que um ser por si só, de modo isolado e autônomo, não pode passar da potência para o ato correspondente.

Suposto que o ser, neste caso, bastasse a si mesmo, defrontar-se-ia com uma contradição: um mesmo ser, ao mesmo tempo e sob o mesmo aspecto, seria determinado e indeterminado. Teria e não teria. Seria e não seria. Daí porque, onde há um móvel, também existe um motor que lhe explica e justifica o movimento. Sem uma causa responsável e situada fora do movimento como tal não existe movimento. O nada, nada move.

3.3. Eis porque S. Tomás assegura: "Algo só move outra coisa na medida que está em ato. Pois do estado de potência nada pode sair e ser posto em ato senão por algum outro ente em ato". Com efeito, supor que algo move-se por si mesmo, é supor que, simultaneamente, existe sem ter o que transmitir e, no entanto, tem e transmite. Isso fere o princípio da não contradição. *Impossibile est ergo quod secundum idem et eodem modo aliquid sit movens et motum vel moveat seipsum* (*Summa Theologica*, q. 2. a. 3. c). Em vernáculo: "Impossível que algo sob o mesmo aspecto seja movente e movido ou mova a si mesmo".

Portanto, para explicar o movimento, é necessário recorrer a um movente distinto do móbil e com condições de atualização diversa. Vale dizer. Um há de estar em ato e o outro em potência. Assim, ato e potência são realidades distintas e contrapostas, embora complementares na ordem do ser. Daí o axioma: tudo que é movido (o ente em potência) é movido por outro (um ente em ato).

3.4. De onde se deduz também que o movimento é uma realidade contingente, Não pode ser por si já que depende, essencialmente, do ser que o produz. Eis porque todo ser contingente tem uma causa que responde por sua existência.

O conceito de contingente opõe-se ao de necessário. Necessário é o ser que existe por virtude de sua existência. É então um ser que é a razão de si sem necessitar de causalidade extrínseca para autojustificação. É um ser autossuficiente. Isso equivale a dizer que tal ser possui a plenitude da perfeição e, consequentemente, não está em movimento. É um imóvel, isto é, não passível de mutação porque não carece de perfeição. Ele já a possui.

4. O MOVIMENTO E SEUS PRINCÍPIOS BÁSICOS

Na teoria do ato e da potência, estão implicados dois princípios: o da identidade e o da não contradição.

Se não existisse uma causa extrínseca ao ser que se move e em condições de atualidade diversa do. móbil de tal sorte que o móbil bastasse para produzir o próprio movimento, ter-se-ia o seguinte contrassenso: uma coisa que não é continua sendo e uma coisa que é, não é, embora sendo. Eis, aí, o choque contra os princípios da identidade e da não contradição.

Com efeito, já que o movimento ou o vir a ser supõe, no móbil, a ausência da perfeição no sentido da qual ele caminha, na hipótese de que pudesse tê-la por si mesmo e que o tender e o efetuar-se proviessem do móbil mesmo enquanto móbil, isto é, enquanto privado daquela perfeição para a qual tende, daí resultaria o seguinte: embora não tendo a referida perfeição, ele já a teria, pois ele seria causa da posse da mesma. Isso equivale a afirmar: embora não sendo (não estando em posse da perfeição), seria (estaria na posse efetiva da mesma).

A proposição pode ainda ter outra formulação. Sendo (estando em posse daquela perfeição, pois dela é causa), não seria (não estaria em posse da mesma, pois se move para adquiri-la). Então, ao mesmo tempo e sob o mesmo aspecto, uma coisa seria e não seria.

Seja o exemplo de uma criatura que não é inteligente em ato, que ainda não possui certa ciência, mas está só em potência para a mesma. Se a criança pudesse, por si só, por força do mero fato de ter a faculdade intelectiva (isto é, da não inteligência em ato) passar do não saber para o saber em ato, isto equivaleria a dizer que a criança não é inteligente em ato, embora sendo inteligente em ato. Ou então: a mesma inteligência como capacidade já é inteligência que está em ato de intelecção e na posse da ciência.

Ora, tudo isso é impossível. Tão absurdo quanto o aval de validade para o princípio da não contradição.

Conclusão: a causa eficiente do movimento não está nele mesmo. Advém de fora. É-lhe extrínseca.

5. AS CONDIÇÕES INTRÍNSECA E EXTRÍNSECA DO MOVIMENTO

5.1. A condição intrínseca do movimento

A condição intrínseca, ou seja, a composição de potência e de ato, no sujeito móvel explica, sim, a possibilidade de movimento por parte do ente que muda. Não explica, porém, o fato atual do movimento pelo qual passa. Para explicar o mover-se como tal é necessário recorrer a outro princípio fora do próprio sujeito. É preciso apelar para alguma causa eficiente do movimento. Só ela torna concebível o trânsito da potência para o ato, pois algo que passa do nível dos possíveis para a atualidade não logra sair da esfera dos possíveis por si só.

O sujeito que muda não possui ainda aquela determinação que será atuada ou posta em ato. No entanto não pode ser um puro nada. Pois do nada, nada provém. O sujeito da mudança há de ser um misto de ser e de poder ser. Ambos reais e distintos entre eles. Isso, aliás, é fácil de representação imaginativa, quando se trata de mudança física. Aí, sempre existe um sujeito que responde como suporte pela passagem da potência para o ato. O aluno adquire a ciência, por exemplo. Mas como pensar o sujeito na mudança substancial? No processo de geração, os dois coprincípios de matéria prima e de forma são atribuídos ao indivíduo que, simultaneamente, emerge como sede de atribuição. Portanto, a potencialidade real para vir a ser ou tornar-se o termo "*ad quem*" é o pressuposto necessário por parte do sujeito a fim de que seja concebível o trânsito da potência para o ato. Por ser passagem, esta supõe uma e mesma realidade que, agora, é assim e, depois, será de outro modo. Agora é a substância tal. Antes, era mera possibilidade potencial para ser o que é.

O trânsito é real porque são reais os termos de partida e de chegada. É real também porque acontece em um suporte real, a substância. É ainda real e simultâneo no caso da criação de uma nova substância que, antes, era apenas possível.

A descoberta genial que evidenciou a natureza do estado de potencialidade tornou exequível superar o dilema de Parmênides que eliminava qualquer possibilidade de movimento. Dizia ele: "O que é, é e não há nunca de vir a ser; o que não é, nada é e do nada coisa nenhuma provém".

Graças à acuidade de Aristóteles foi encontrada a solução racional para superar a aporia parmenidiana. Aliás, Platão já intuíra a existência do não ente que é. Assim, os seres finitos mudam porque não estão fixos no modelo de sua atual existência. Eles são flexíveis e autotranscendentes. Eles tendem a superar os limites da própria determinação ao adquirirem outra. Há neles um ente que é ao lado de um ente que não é, mas apto para vir a ser. Ali está, por exemplo, o alimento que depois será carne viva. É justamente porque capaz de transitar do estado de potência para o estado de ato que as coisas mudam. Em consequência, tudo quanto muda não é pura homogeneidade e, sim, um misto de ato e de potência. Precisamente, por mercê desta composição essencial constata-se que a continuidade do sujeito que muda não sofre interrupção. O mesmo sujeito passa de uma fase para a outra. Aí, o movimento representa o elo que vincula os dois momentos.

O trânsito não afeta a unidade substancial do mesmo sujeito presente em cada uma das duas fases ou estados. Em suma, ocorre uma sucessão de realidades diversas na esfera da unidade substancial do mesmo sujeito.

5.2. A condição extrínseca da coisa que muda

Se a condição intrínseca explica o movimento enquanto fenômeno de um sujeito passível de mudança, todavia, não esclarece porque o movimento acontece. Nenhum dos componentes intrínsecos do movimento como tal elucida a respeito da causa eficiente do movimento. A causa eficiente é uma realidade já em ato, ao passo que o movimento é a passagem da potência para o ato.

Portanto a condição de fora ou extrínseca reside na causalidade eficiente que opera como razão da existência do fenômeno.

Aliás, não é só o fato da passagem da potência para o ato que exige uma condição extrínseca. Aquela composição mesma de potência e de ato, em um mesmo sujeito, pede justificação de fora. A unidade de elementos heterogêneos não se explica por si. Tomás de Aquino já nos advertia a respeito: *Si diversa in aliquo uniuntur necesse est·unionis causam esse aliquam, non enim diversa secundum se uniuntur* (*Summa Theologica* I. q. 3, art 7; C. Gent. l.I, cp. 28, n. 4). Isto é: "Se há coisas diversas que se unem, é então necessário uma causa para tal unidade; pois coisas diversas por si só não se unificam".

No movimento, constata-se uma união sucessiva de coisas diversas que formam uma realidade idêntica. Ora, a unidade em si já postula um princípio unificador de fora.

Todo movimento comporta acréscimo de perfeição. Salta aos olhos que tal perfeição não procede da potencialidade em questão. O indeterminado nunca gera o determinado. O menos não produz o mais. Eis porque é necessário que a passagem da potência para o ato aconteça sob o influxo de um ente que não está em potência, mas que, por estar já em ato, de algum modo, tem aquela perfeição, aquela determinação, aquela atualização.

Daí, a conclusão: tudo, que é movido, é movido por outro: *Omne quod movetur, ab alio movetur*. Ou seja, exige uma causa eficiente de fora do dinamismo intrínseco do movimento.

6. O MOVIMENTO EM SENTIDO UNIVERSAL

6.1. O movimento sobre o qual versa a prova não é aquele em sentido particular, isto é, tal ou tal movimento físico. Aqui, entende-se o movimento na sua universalidade. Abrange todos os gêneros e espécies de mudança. Inclui os movimentos de substância e de acidentes.

O raciocínio da primeira prova parte do fato experimental de movimento. A seguir, por indução, elabora um princípio geral. Num terceiro momento, erige o princípio geral em princípio metafísico. Comprovada a validade da proposição, seus termos ganham caráter de necessidade absoluta. A partir de então, o princípio da mutação aplica-se a todo e qualquer tipo de movimento. Portanto, o conceito de movimento é análogo.

6.2. Não falta quem faça reservas para o raciocínio em base ao movimento, alegando que Aristóteles, ao formulá-lo, tinha uma ideia de movimento físico que, hoje, está superado. Acontece que a definição filosófica de mudança transcende qualquer teoria a respeito no campo da física. Aliás, nenhuma ciência é competente para estudar a essência última das realidades. Isso é tarefa peculiar do intelecto em nível filosófico. Portanto, se movimento houver, seja lá de que natureza for, será sempre um vir a ser que termina em algo novo: *quid novum*. Mudança que não comporta como termo de chegada a presença de algo novo, seria tudo menos movimento. Tudo que for denominado movimento, sem essa característica essencial, é mudança só de nome. Nada tem de real. É fictícia.

6.3. A impossibilidade de um movimento absoluto

Absoluto seria o movimento que, sem nenhum impulso ou determinação motriz antecedente, principiasse a mover-se. Ora, isso é impensável na ordem das ideias e irrealizável no plano dos fatos. Pois assegurar que o devir ou o vir a ser é a razão do ser da própria realidade equivaleria a negar o princípio da não contradição. Daí porque toda mudança é condicionada e dependente. Ela. não se explica por si mesma. Postula sempre uma causa que a justifica.

7. O PROBLEMA LEVANTADO PELA ESCOLA ELEÁTICA

7.1. Segundo Parmênides a realidade é unicamente o ser. É ser atual. Só existindo ser em ato, não sobra espaço para o devir. O devir e a mudança são impossíveis. O ser ou realidade atual é eterna, imóvel e única. Enfim, eis a tal de concepção unívoca do ser: o dogma da imobilidade.

7.2. Zénon demonstra a impossibilidade do movimento. Para isso constrói um dilema que coloca o adversário diante do absurdo. Diz: ou o contínuo (espaço e o tempo) é divisível até o infinito ou é constituído de elementos indivisíveis. Ora, seja na primeira. seja na segunda hipótese, o movimento é impossível. Pois, suposto que o contínuo seja divisível até o infinito, um móbil não consegue percorrê-lo, já que precisaria percorrer o infinito para vencer uma etapa do movimento. Aí existiria um número infinito de partes a percorrer. Se, ao contrário, o contínuo for constituído de elementos indivisíveis, então o tempo é uma sucessão de instantes indivisíveis. Ora, em nenhum desses instantes ou pontos indivisíveis, existe parte divisível para ser superada pelo movimento.

Todo movimento supõe marcha progressiva que supera partes divisíveis de um todo. Ora, é bem essa divisão que não existe. Logo, todo movimento é ilusório. Daí porque o ser está imóvel e em repouso.

Assim Zénon concebe a realidade do ser qual bloco monolítico e estático.

7.3. Evidente que Zénon confundia a divisibilidade com a divisão em ato. O contínuo é, sim, matematicamente, divisível até o infinito. Mas tal divisão não está realizada. No contínuo, as partes só existem em potência. Razão porque a um contínuo, que é finito em ato, correspondem um movimento e um tempo igualmente finitos em ato. Do mesmo modo, a um espaço infinito em potência correspondem um movimento e um tempo infinitos em potência. Eis como Aristóteles responde aos problemas de Zénon com a teoria da potência e do ato.

8. A TEORIA DO SER ENQUANTO ATO E POTÊNCIA COMO REALIDADE UM TANTO OBSCURA, MAS VERDADEIRA

A composição do ente como potência e ato é fruto de uma descoberta genial. Revela uma camada obscura, mas real e verdadeira das coisas.

Graças à composição de potência e ato, é possível entender o movimento e conciliar a mutação com o sujeito que muda e transforma-se. O ser em ato traz consigo a camada secreta do ser em potência que subsiste na unidade do mesmo sujeito. O movimento apresenta-se como a união sucessiva de realidades diversas na consistente unidade do mesmo sujeito. Isso porque a mesma realidade em ato contém a potencialidade e é o sujeito das etapas do vir a ser. Na hipótese do vir a ser de nova substância, o sujeito subjacente na mutação, emerge, instantaneamente, do encontro entre matéria prima e a forma. Convém então frisar. Mutação substancial não é o mesmo que criação ou produção do nada absoluto. A bem dizer, o que de novo há na mudança mesmo substancial não é totalmente novo. A mudança ocorre em cima de algo que, antes, era determinado de um modo e que, depois, fica determinado de outro modo. Vale dizer que, na mudança, sempre existe um sujeito ou suporte da mutação. Um sujeito por natureza indeterminado, isto é, em estado de potência e apto para receber determinações. Ora, esse sujeito de base e indeterminado ou potencial é a tal de matéria prima. Mas, em se tratando de entes já constituídos, o sujeito da potência é a própria entidade do ser finito e contingente.

Note que Platão já intuíra a natureza obscura do composto potência e ato, quando falava do não ente que é.

O exemplo desta composição é o da carne humana que subsiste potencialmente no pão. O pão é pão em ato e carne em potência. Pois uma vez digerido, torna-se carne do ser vivo.

CAPÍTULO III

A ESTRUTURA LÓGICA DA PROVA

1. O PRINCÍPIO BÁSICO DO ARGUMENTO

Um dos princípios básicos que embasam a primeira prova para a existência de Deus é este: "tudo que se move, é movido por outro". A questão consiste em demonstrar a validade absoluta deste princípio. Ficará evidenciado que o movimento não é realizável nem inteligível a não ser por ação ou influxo de alguma causa em ato e distinta da coisa que se move. Vale dizer. Nenhuma realidade pode, simultaneamente e sob o mesmo aspecto, ser movente e ser movido. Não se nega que, no organismo vivo, a vida seja um *motus immanens*, isto é, movimento imanente; aí, uma parte move a outra e todo o movimento fica na esfera intrínseca do ser vivo. É inaceitável, porém, que uma e mesma parte possa, ao mesmo tempo e sob o mesmo aspecto, ser móbil e motriz, isto é, ser e não ser. Igualmente inaceitável que o todo em movimento imanente tenha dado a si o impulso que possui de modo vital.

2. A ESTRUTURA DA SEGUNDA PARTE DA PROVA

Até aqui ficou explanada a proposição: tudo que se move é, movido por outro. Eis, aí, um princípio analítico que resulta, necessariamente, do exame do conceito de vir a ser, de *fieri*. Mas só isso não basta para construir o argumento a favor da existência de Deus. Resta ainda ser demonstrado que, numa série de motores movidos, intrínseca e essencialmente subordinados entre eles, o simples fato de remontar até ao infinito não explica a precariedade dos elos causais da série nem como partes nem como totalidade. Aliás, a proposição em que se formula tal impossibilidade é analítica e por isso goza de evidência imediata e absoluta.

2.1. A distinção entre série de subordinação acidental e a de subordinação essencial de causas.

Denomina-se nexo acidental de causalidade aquela sequência das causas que se sucedem ao longo do tempo, em linha de duração e continuidade.

Numa sequência de causas subordinadas com nexo acidental, as causas mais próximas não dependem, atualmente, das causas antecedentes. Para explicar a geração de um ser vivo, basta conhecer quais são os seus genitores. Não interessa saber os precedentes causativos dos mesmos. Consideradas no circuito fechado de sua produção imediata, as causas são vistas como independentes de outras causas mais remotas.

Quando se fala de uma sequência de causas subordinadas com nexo essencial, o que entra em apreço é o fato de uma causa presente ou mais remota, dentro da série, depender, direta e atualmente, do influxo de uma causa primeira e geradora de toda a sequência. Seja o exemplo da relação causal e física entre o navio sobre as águas do mar e o sistema solar. O navio depende das águas;

estas do ciclo das chuvas; estas das condições atmosféricas; estas do sistema solar. Se o sol se extinguir e cessar a sua causalidade, tudo o mais entra em colapso. Vale dizer. As demais causas não poderiam operar sem o influxo da primeira, mesmo que as causas imediatas sejam apreciadas como se não dependessem das causas remotas e últimas.

Régis Jolivet (in *Metafísica*, p. 364), adverte para o perigo de pensar a eternidade do mundo como explicação que dispensaria procurar uma causa primeira para a origem do universo. Diz ele com ênfase: "Quer seja o movimento essencial, quer acidental quanto ao nexo entre as causas, ele exige uma causa primeira e imóvel. Sem ela, as demais não seriam concebíveis".

2.2. Na série de subordinação essencial não vale o apelo ao infinito

Da mesma forma como numa série acidental de nexos causais depara-se, logo, com algum agente próximo que explica o efeito, assim também na série de subordinação essencial é forçoso, afinal, aportar num primeiro princípio derradeiro que responde por toda a sequência causativa, seja ela finita ou infinita. Seria frustrante para o intelecto querer explicar uma série de causas conexas, apelando para outra causa anterior sem chegar a um ponto de partida. Por isso regredir ou remontar até ao infinito nada esclarece. Apenas procrastina a resposta. É necessário então dar paradeiro ao raciocínio. É preciso parar, diz Aristóteles: *ananke stenai*.

Eis como o inesquecível e sábio Pe. Leonel Franca, s.j. pondera sobre tal exigência: "Tudo o que se move é movido por outro", "*ab alio*"; para todo móvel., há um motor. Qual pode ser este *aliud*, este motor? É também ele um motor, que para mover precisa ser movido, como a bola do nosso bilhar, o taco do nosso jogador, etc? Então, não nos achamos diante de uma explicação definitiva, satisfatória, tranquilizadora da razão nas suas exigências primordiais. O nosso motor é por sua vez um móvel: como motor explica imediatamente o movimento seguinte; como móvel precisa por sua vez de outro motor que o explica. E é o espetáculo que nós contemplamos no universo: uma série inumerável de motores movidos; isto é, movimentos que não têm em si mesmos a razão última de sua existência, e, nos quais, cada um depende do que o procede" (in *O problema de Deus*, p. 201).

2.3. A questão da eternidade do mundo

Há filósofos que defendem a eternidade do mundo. Este existe *ab aeterno*, ou seja, desde a eternidade. Em tal hipótese, o mundo seria coeterno ao lado de Deus. Isso porque a criação do mundo não significa mutação por parte de Deus. Ele age sem participar do movimento. Deus opera fora da medida do tempo, "in instante", isto é, instantaneamente.

Todavia, embora o mundo fosse criado *ab aeterno*, nele existiriam movimento e nexo causal. A causalidade dentro de uma série infinita não tem explicação em si pelo fato de ser infinita. Pois sempre que uma coisa para agir supõe outra é porque depende da outra. A série infinita nada mais seria do que a projeção no infinito dessa dependência mútua.

A propósito, comenta o Pe. Leonel Franca: "Pouco importa, mesmo que a evolução do mundo dure *ab aeterno* e seja infinito o número de motores passados... A deficiência, aqui, é essencial e não pode ser satisfeita nem suprida pelas acidentalidades do número e do tempo... se é eterna a sua série, é eternamente insuficiente" (o.c., p. 202).

Em outras palavras. Se não repugna que exista uma série infinita de causalidades entre elas, repugna que tal série seja a causa de si mesma e que não dependa de um agente não causado, mas causante e que esteja fora da mesma série. Se existe uma causa causada, há de existir, alhures, uma causa incausada, ou seja, de natureza diversa da série em questão. Diversa porque opera sem receber o influxo de outrem.

Como se vê, é mister sair fora das séries dos motores movidos e passar para outro plano onde há um motor que move sem ser movido. Por isso mesmo de outra ordem, já que não é movido por outro para poder exercer a sua causalidade motriz. Sendo assim, tal motor é imóvel. Não aquela imobilidade passiva da potência, mas a imobilidade da plenitude do Ato Puro. A perfeição absolutamente realizada. O Ser Supremo que não precisa mover-se para adquirir nenhuma perfeição, já que possui todas elas de modo infinito.

2.4. Projetar no infinito a resposta definitiva apenas retarda a solução do problema

Em se tratando de causas entre elas ordenadas e dependentes uma da outra no exercício da causalidade, projetar até o infinito a série nada esclarecerá porque, sem uma primeira as demais não existiriam. As causas intermediárias são apenas subsidiárias da primeira. A bem dizer, em qualquer série de causas entre elas conexas, há de existir três termos: no começo, a fonte da atividade; no meio, a atividade intermediária, seja uma ou sejam inúmeras; no fim, o resultado daquela atividade toda. Multiplicar as causas intermediárias não significa explicar a origem delas. Diz A.D. Sertillanges que alongar o canal ainda não explica porque a água passa por seu leito. Necessário então ir à fonte. E acrescenta: *Si la source n'existe pas, l'intermédiaire reste impuissant, et le résultant ne saurait se produire, ou plutôt il n'y aura ni intermédiaire, ni résultant, c'est-à-dire que tout disparaît* (o.c., p. 65).

3. RECAPITULANDO

3.1. O devir dos seres contingentes abre pista para o absoluto

A primeira prova tem caído no descrédito de quantos, erroneamente, julgam estar ela alicerçada no conceito físico de movimento. Ora, isso não ocorre. Quando Tomás de Aquino fala de movimento ele o concebe a nível metafísico que supera de longe a ideia de movimento local. Aqui, movimento equivale à passagem da potência para o ato. É um vir a ser.

Essa acepção larga e analógica de movimento permite abrir pistas seguras para a descoberta do Absoluto. Com efeito, já que mover-se implica um aumento de perfeição, então fica franqueado encontro com a causa eficiente que o produz. Posto tal questionamento, fica aberta a porta que leva ao primeiro princípio que é Deus.

3.2. O vir a ser como postulante de causalidade

Salta à vista que tudo quanto está em movimento supõe um outro de cuja força retira o seu mover-se. É, com efeito, impossível, que, sob o mesmo aspecto e ao mesmo tempo, um ente seja movente e movido. Impossível que um ente mova-se por si mesmo e por si passe do estado de potência ao ato. Vale então o axioma: *nemo dat quod non habet*. Isso vale tanto para o crescer como para o diminuir. Aquisição e perda de perfeição exige sempre uma causa adequada. Seja num caso seja noutro, necessário uma causa que explica o trânsito do menor para o maior e vice-versa.

3.3. Impossibilidade de um procedimento até o infinito

Acima, foi dito que na série de subordinação causal não vale apelar para o infinito. Justificar um movimento pelo impulso de outro com intento de assim regredir até o infinito, tal procedimento é de todo falho. Pois, alerta Tomás de Aquino: "Sem um motor primeiro nunca se teriam os demais motores porque os motores intermediários apenas se movem porque movidos pelo primeiro".

É o que ocorre com a vara que se move porque acionada pela mão (*Summa Theologica* .I. q. 2. a. 3.)

O motor primeiro opera qual fonte originária de todo movimento. Aí, está a plenitude em ato. É a perfeição realizada totalmente.

3.4. Cogência de um princípio supremo

Eis então ser de todo necessário concluir, já que proceder até o infinito nada explica, por um motor primeiro que, por sua vez, não é movido por nenhum outro. Esse primeiro motor é Deus.

De fato, tal princípio originário, sendo a razão de ser não só deste ou daquele movimento e, sim, do vir a ser *simpliciter*, isto é, movimento como tal, então ele é a razão de ser do trânsito *simpliciter* da potência para o ato. Em decorrência disso, tal princípio primordial possui em si a plenitude da perfeição em ato efetivo: atualidade total do *actus essendi*, ou seja, do ato de existir. Enfim, ele se apresenta qual plenitude de ser.

Posto que a raiz de toda perfeição é o *actus essendi*, então essa plenitude identifica-se com o *Ipsum Esse subsistens*, isto é, com o próprio ser subsistente ou seja com a própria perfeição do ser em sua plenitude de subsistência infinita e absoluta. Ora, essa plenitude suprema é o próprio Deus.

CAPÍTULO IV

A CAUSA PRIMEIRA DE TODO MOVIMENTO

1. O INFLUXO DA CAUSA PRIMEIRA É SEMPRE ATUAL

Necessário então, numa série de causas relacionadas com o devir, deparar um ponto de partida. Na ponta inicial de uma série de causalidades, aliás, como exigência da possibilidade dela, depara-se com o gerador não gerado cujo influxo explica a ação das causas subordinadas e cuja atividade é a fonte primária e eminente de toda a atividade posterior.

Assim, em uma série infinita de motores, atualmente subordinados, todos os movimentos seriam intermediários, enquanto recebem e retransmitem o movimento. Nenhum desses movimentos, por si só, nem o conjunto de todos eles, explicariam o movimento que repassam, já que cada um deles como todos em conjunto não o possuem por si mesmos. Nenhum deles se move por si mesmo. É inútil apelar para o conjunto como fonte da própria causa. A soma do menos, na ordem essencial, não perfaz o mais. Uma manada de bovinos não perfaz um único ser humano. Também, na ordem qualitativa, o menos não perfaz o mais. Uma série infinita de idiotas não faz um sábio. Logo, cada causa e todas elas juntas recebem sua atividade de fora porque não superam por si a própria deficiência.

Jacques Maritain, no seu opúsculo "Caminhos para Deus", formula assim este raciocínio: "Imaginemos quantos agentes quisermos. Enquanto o agente de cuja ação depende a ação de outros agentes da série também passa da potência ao ato, necessário se faz propor outro agente que o mova. Se, porém, não houvesse um primeiro agente, a razão da ação de todos os outros jamais seria posta na existência. Nada moveria nada. Não podemos retroceder, interminavelmente, de agente em agente; é preciso que nos detenhamos num primeiro agente. E, porque é o primeiro, ele mesmo não é movido; é isento de todo devir; é separado de toda mudança e de toda possibilidade de transformação. É, enfim, o agente absolutamente imoto que ativa e move tudo mais" (p. 31).

Daí se deduz que, na série subordinada de motores, para que um possa operar, é necessário que o outro opere. A ação do outro é tão atual como é atual a causa subordinada. Já que a primeira e fundamental condição da existência atual de uma causalidade deriva de um princípio eficaz e atual, então vale dizer: *Moventia secunda non movent nisi per hoc quod sunt mota a primo movente* (S. T., Pars Ia, q. 2, art. 3). Isto é: "Os moventes segundos não se movem a não ser que sejam movidos por um primeiro motor".

De todo sensata aquela ponderação de F. W. Schelling: "Dizer, portanto, que Deus retraiu seu poder para que o homem pudesse agir ou, ainda, que ele permite a liberdade do homem, nada esclarece.

Pois, se Deus retraísse seu poder por um único instante, o homem simplesmente deixaria de ser" (p. 24, *A essência da liberdade humana*, Editora Vozes, 1991).

2. O ATUAL INFLUXO DA CAUSA INCAUSADA E PRIMEIRA

Repetimos, aqui, uma assertiva de profundo alcance. Sempre que alguma coisa para agir supõe uma outra, se tal coisa age atualmente é porque, atualmente existem todos os elementos sem os quais ela não poderia agir. Ora, a primeira e fundamental condição é a existência atual de um primeiro motor do qual deriva a eficácia de todas as outras causas motrizes.

Assim sendo, os agentes, em ato, devem ser sustentados, na sua ação, por um influxo atual e incondicionado, ou seja, por uma causa incausada. Tal causa incausada, encontra-se atual em todo o movimento, por exemplo, de uma evolução cósmica. Não está presente só no princípio, mas em todos os momentos causais da sequência.

Claro que este raciocínio supõe uma série de movimentos atualmente subordinados entre eles. Seja então este exemplo. No ato de escrever com a caneta, o pensamento atua mediante o sistema motor do corpo. Assim, a moção da causa principal e primeira, o sujeito pensante, está presente dentro de uma série de atividades motoras. No caso, a caneta incorpora a causalidade instrumental.

As causas que agem sob o influxo de uma causa primeira podem sofrer interrupção ou prosseguir até o infinito, mas o influxo de fora, isto é, da causa primeira, presente em cada elo das causas intermediárias, não pode cessar. Se aquela vier a faltar, não haveria nenhum causador porque os moventes segundos não se movem nem causam a não ser enquanto são movidos pelo primeiro movente.

Eis porque repetimos: o primeiro movente não está mais atuante no princípio do que no meio ou no fim da série. Ele está em toda série e em cada parte dela, já que atua em cada um dos elos motrizes justamente porque nenhum deles tem em si a razão de ser da própria operação.

3. O INFLUXO PERMANENTE DA CAUSA PRIMEIRA

A primeira prova para a existência de Deus não estabelece apenas que, no princípio, o Primeiro Motor desencadeou um movimento que se propaga. O universo que se move, dependeu d'Ele não só no passado. Depende no presente e dependerá no futuro. A todo momento, Deus está atuante ali onde existe passagem da potência para o ato.

Se as formas de energia que necessitam de moção e de conservação existissem desde toda a eternidade, então, desde toda a eternidade teriam sido movidas e sustentadas pela atividade atual e conservadora daquela Primeira Energia suficiente por si mesma e razão de toda outra energia não suficiente por si. Isso significa que, em todo mover-se atual, existe o influxo atual de um Primeiro Princípio que não tem como ser movido porque não tem como passar da potência para o ato, já que, em si, encerra a perfeição absoluta em ato.

Eis porque o movimento de uma série é o resultado de movimentos intermediários conectados com o Primeiro Motor. O conjunto forma uma unidade de ação tal como o agir da causa instrumental sob a dependência da causa principal. Assim, nenhuma causa segunda ou intermediária chegaria a produzir seu efeito, se não estiver unida ao Primeiro Movente e dele depender, já que a causa segunda opera por virtude da causa primeira. Supressa que for a ação da causa primeira, as demais cessariam de operar.

4. O CARÁTER METAFÍSICO DE DEPENDÊNCIA NA CAUSA SEGUNDA REQUER, HIC ET NUNC, A INTERVENÇÃO ATUAL DA CAUSA PRIMEIRA

Seja esta passagem colhida na célebre obra de A. B. Sertillanges (*in Les sources de la croyance en Dieu*), onde o autor, com clareza meridiana, elucida a tese da causa primeira no exercício atual da causa segunda:

"Eterno ou não, encontramos no mundo efeitos que dependem de certas causas que, por serem elas também dependentes no seu desempenho de causalidade, supõem a intervenção de uma causa nova da qual deriva a sua influência. E essa nova causa, nós não a buscamos no passado; nós a requeremos no presente, ou melhor, não nos ocupamos nem do passado nem do presente, apenas consideramos o aspecto de dependência. Tal efeito depende de tal causa. Esta causa, por sua vez, considerada como tal, depende de uma outra e assim por diante. E, como já foi assaz explanado, não é viável remontar até ao infinito em se tratando de causas que dependem atualmente uma da outra. É então necessário chegar à primeira causa que é Deus.

Deus é assim atingido não pelo remonte e através das etapas do tempo até o primeiro dia do mundo, mas em se interrogando cada uma das causas que incidem sobre a produção de determinado efeito, a partir da causa próxima até a fonte primeira de toda causalidade.

Seja o exemplo seguinte. Um animal. Qual a causa da existência deste animal? A que vamos atribuir este efeito, isto é, a permanência deste animal na existência atual? Atribuiremos a sua constituição própria ao equilíbrio especial e estável das substâncias que o compõem, sob a denominação da forma vivente ou a alma. Esta, com efeito, a causa próxima do fenômeno. Mas, vendo de perto, bem se percebe que esta causa é um efeito porque o equilíbrio das substâncias que compõem o animal bem como o jogo complexo de sua vida dependem de uma multidão de condições. Suprimir, por exemplo, a pressão atmosférica, e o animal evapora instantaneamente. Suprimir o calor, e não viverá um segundo. Suprimir a atividade química do ar que ele respira ou do alimento que ele absorve, e ele desaparece de imediato! Assim, aquela existência que parecia, à primeira vista, independente depende, e muito, atualmente, em cada fração de segundos, de incontáveis influências. Aliás, estamos bem longe de conhecê-las todas elas. O que vale para sua existência atual, vale também para cada uma de suas atividades. O mesmo vale para sua origem para a qual, afinal, todo o universo concorre. O sol e o homem engendraram o homem, diziam os antigos filósofos. Eis que todas as influências cósmicas são requeridas para o aparecimento de uma simples mosca.

Pois bem. Tomada à parte uma por uma dessas influências, ter-se-á que cada uma delas é o resultado de uma série de causas ordenadas entre elas, sejam conhecidas ou ignotas, mas cuja existência é certa. Tal série conduzirá, de elo a elo, não a um passado remoto, mas ao presente bem atual até a uma fonte primeira de toda atividade sem a qual nem o animal a que nos referimos nem às operações de sua vitalidade, nem causa alguma que as condicionam, poderiam substituir. Como se vê, a questão das origens do mundo, em nada afeta a estrutura lógica do argumento. Para demonstrar a existência de Deus, não vem a propósito contar a história do passado; nós constatamos o presente. Ele não vem à cena como personagem que desvenda o passado do mundo. Ele é requerido como o gancho supremo no qual, hoje e agora, o mundo está dependurado. É o Ser primeiro, a atividade primeira de onde deriva, a cada momento, todo ser e toda atividade. Se, pois o mundo sempre existiu, então, Deus desde sempre deu o existir ao mundo."

5. A IMOBILIDADE DE UM MOTOR IMÓVEL

Ficamos atônitos ao pensar num motor imóvel. Difícil imaginar tal realidade. Mas não admira tal impressão de susto. Em nossa experiência, as causas motoras mudam enquanto operam e enquanto recebem alguma reação do que é movido por elas. Assim parece resultar da experiência.

Nem por isso seria contraditório conceber um motor imóvel. Esses conceitos de motor e imobilidade não são incompatíveis entre eles. Pois o conceito de causa não diz que ela sofre mudança em si pelo fato de produzir um efeito. Não repugna que a causa seja independente do efeito e não sofra nenhuma influência retroativa do efeito. Logo, nada repugna nem contradiz que a causa mova sem ser movida por outrem. Poder-se-ia objetar. Não se tem a experiência de uma causa imóvel. De onde então advém tal conceito? Da fantasia? Não. A ideia de causa é análoga. Por ser analógica é que pode ser predicada tanto das causas experimentais como da causa divina que supera as características individualizantes das causas conhecidas pela experiência.

Daí porque a imobilidade do Motor Imóvel não é exatamente aquela imobilidade das coisas feitas para serem móveis. Estas chegam a sua perfeição pelo movimento. Mas sua imobilidade é uma imperfeição porque é própria dos seres potenciais.

No Motor Imóvel, a imobilidade é perfeição absoluta. Revela a plenitude do ser, eternamente. coexistindo em si e por si. Ele move, comunicando a sua perfeição aos demais seres, sem aumentar ou diminuir sua ação. É de recordar que Aristóteles foi quem cunhou a expressão "Motor Imóvel" (KÍVEOV AKÍVETOV) para designar o Ato Puro que é Deus.

6. A PRIMAZIA DA CAUSA PRIMEIRA

O primeiro motor não move a si mesmo nem é movido por outro. Para tanto é necessário que ele seja sua própria ação. Somente pode agir por si. Fosse ele coisa diversa da própria ação, deveria passar para a ação por influxo de uma causa diferente dele mesmo. Então, já não seria o primeiro. Visto não haver potencialidade no seu agir, já que não há potencialidade no seu ser, segue que o que age por si também é por si. Eis porque a imobilidade do Primeiro Motor nada tem de passividade. É a imobilidade da plenitude pura e suprema. É a imobilidade da perfeição integral e consumada. É a perfeição plena e absoluta.

7. RESUMO DO ARGUMENTO

O presente argumento, com base na mudança das coisas, já tinha sido trabalhado por Aristóteles. Vai ser retomado no século XIII por Tomás de Aquino, o gênio pensante do cristianismo. Tanto na *Summa Theologica* como na *Summa Contra Gentiles*, Tomás de Aquino apresenta esta prova, declarando ser a mais clara e convincente dentre as demais.

Hoje, ao invés de falar do movimento prefere-se o termo devir ou vir a ser. Isso em nada altera o valor lógico do raciocínio. Pois o termo movimento (*motus*) para a corrente aristotélico-tomista tem sentido metafísico e por isso equivale ao moderno conceito de vir a ser.

A semântica do devir, neste argumento, tanto abarca o sentido de aquisição de nova forma como perda de dimensão entitativa já possuída. Isso porque seja o acréscimo seja a perda de perfeição implicam sempre causa eficiente distinta do movimento como tal.

Eis então que a prova da primeira via pode ser resumida nos tópicos seguintes:

7.1. O fato do vir a ser

O ponto de partida da prova tem por apoio uma constatação cristalina: o mover-se das coisas. Tomás de Aquino registra tal fato naquela frase lapidar: "É evidente e nossos sentidos atestam que, no mundo. algumas coisas estão em movimento" (S. T., I, q. 2, a 3). Basta abrir os olhos e ver. A experiência dá testemunho disso. Tal ocorrência aplica-se às mudanças de ordem acidental e às de ordem substancial seja na forma de aquisição de perfeição seja de perda daquelas já adquiridas. Vale então para o devir perfectivo e para o devir regressivo.

7.2. Necessidade de causa eficiente

Ora, tudo que está em movimento, isto é, tudo que está em processo de vir a ser, necessariamente, está sendo movido por um outro, isto é, está tornando-se graças à ação de um outro. Pois seria absurdo que um ente, sob o mesmo aspecto e tempo, seja movente e movido, isto é, que se mova a si mesmo, transitando do estado de carência potencial para o estado de realização atual.

7.2.1. Isso é mais evidente no caso de perfeição progressiva.

Havendo aumento de ser, não é possível que o que está em potência para uma perfeição entitativa, (e como tal não a possuindo) pudesse ser a causa daquilo que simplesmente não tem. O axioma é peremptório: *Nemo dat quod non habet*: Ninguém dá o que não tem.

7.2.2. A exigência de uma causa aparece também no caso de perda entitativa ou diminuição de perfeição. Só uma causa pode explicar a passagem do estado de poder degenerar para o estado de degenerar de fato. Haverá sempre uma causa para justificar aquele trânsito do mais para o menos. Se o agir de cada ser é proporcional ao seu grau de perfeição, o aumento ou a diminuição daquela perfeição postula sempre algum influxo causal.

7.3. Impossibilidade de um processo até o infinito ou ao indefinido

Em assim sendo, posto que algo está em. movimento, então está sendo movido por outrem. Para que este outro possa mover, eis que também ele precisa ser movido por outro e aquele por outro. Assim por diante. Porém, não é possível nem pensável esse processo ao infinito. Pois caso assim fosse, jamais existiria. o primeiro motor.

Veja como fala Tomás de Aquino: "Sem um motor primeiro não haveria sequer os demais motores porquanto os motores intermediários só podem mover, se tiverem sido movidos pelo primeiro motor tal como o bastão não se move a não ser manejado pela mão"(*Summa contra gentiles*, I, c. 13). Enfim, não opera a causa instrumental sem a ação da causa principal.

7.4. Necessidade de um princípio primeiro e absoluto

Eis que então é imperioso, com absoluta necessidade, deter-se num primeiro motor, já que apelar para uma série indefinida de motores escalonados nada explica porquanto faltaria o ponto de partida e sem um primeiro os demais não seriam movidos. Ora, este primeiro é o próprio Deus. Realmente, tal princípio originário, sendo a razão de ser não só deste ou daquele movimento ou devir e sim do vir a ser *simpliciter*, isto é, sem mais, constitui-se em razão suficiente não só desta ou daquela passagem de tal potência para tal outro ato, mas justifica plenamente todo e qualquer trânsito que finda na atualização do ato de existir.

8. OS ADVERSÁRIOS DO TEÍSMO

Negam a existência de Deus:

8.1. Os materialistas

Para eles tudo é matéria. Dela tudo procede e para ela tudo retorna, já que com ela se identifica. Assim a materialidade tem a resposta para todas as aspirações do ser humano. Tal a doutrina do Materialismo Histórico e Dialético de Engels e de Carlos Marx.

8.2. Os monistas e os panteístas

Dizem eles que admitem a existência real de Deus, porém identificam-no com o universo. Entre os panteístas destacam-se os idealísticos da corrente pós-kantiana. Assim Fichte, Schelling, Hegel, B. Croce, Gentile.

8.3. Modernamente, certa corrente do existencialismo

Assim Jean Paul Sartre. Em "As Moscas", Sartre não só nega a existência de Deus como tira dela as suas consequências.

8.4. Os agnósticos se limitam a duvidar da existência de Deus

Declaram ser impossível construir um argumento racionalmente concludente a favor de Deus. Destarte asseguram que o problema de Deus supera a capacidade pensante do ser humano. Enfim, o agnosticismo professa desconfiança no potencial cogitante da mente humana. Todavia a filosofia perene demonstra que a partir das coisas sensíveis podemos alcançar verdades suprassensíveis.

Entre os afirmadores da incognoscibilidade do Transcendente, sem ousar negá-lo, formalmente, está o célebre Dubois Reymond com seu moto: *Ignoramus et ignorabimus* (Ignoramos e ignoraremos). Para ele Deus não é objeto passível de ciência e, sim, apenas de crença e de sentimento. Professa, destarte um agnosticismo mitigado.

CAPÍTULO V
SÍNTESES CLÁSSICAS DO PRIMEIRO ARGUMENTO

1. Pelo Cardeal Paolo Dezza (Filosofia, p.171):

"As coisas transmudam-se, passando da potência para o ato. Portanto, não são atos puros, mas exigem-no, já que não se passa da potência para o ato senão por virtude de um ser já em ato que, por sua vez, não dependerá de outro ser salvo se for imutável, isto é, incapaz de transitar da potência para o ato. Isto é só Deus".

2. Segundo Igino Giordani:

"O fato mais comum que observamos é o movimento. A vida é o movimento. Uma lei misteriosa, a gravitação, mantém em equilíbrio todas as coisas do universo – pelo menos no período chamado da "fase newtoniana", mantendo-as, outrossim, em movimento. É uma lei a que se submetem tanto as evoluções das estrelas quanto a trajetória de um projétil. Ela representa uma atração cósmica em virtude da qual cada objeto atrai e é atraído por todos os outros com uma força proporcional ao produto das massas e na razão inversa do quadrado das distâncias, apesar de certas investigações mais recentes a substituírem por leis mais complexas para os elétrons e outros corpúsculos". O que se move, move-se por ação de uma força que sobre ele age.

Isso é verdadeiro para todos os movimentos: do deslocamento de um veículo à conversão religiosa, da desintegração do átomo de rádio ao desenvolvimento da flor, do brilho de uma ideia ou de uma lâmpada à aplacação da dor moral, do indefinido afastamento das galáxias no céu à marcha retrógrada do satélite de Netuno, da deformação de uma verdade científica no intelecto de um estudioso aos reflexos divergentes das nebulosas espirais, da ascensão perpendicular de um êxtase à execução de um ato perverso...

Tudo o que se move, por outro é movido. Remontando de motor a motor, chega-se a um primeiro Motor, não movido por outros e que é imóvel. Ao primeiro Motor, que é Ato puro, dá-se o nome de Deus. Logo, Deus existe.

Quem não aceita o princípio de causalidade, busca explicações que o que têm de engenho têm de absurdo. Por exemplo, uma engrenagem indefinida de motores que comunicam um ao outro um movimento esférico eterno, um moto perpétuo, o que equivale a pensar numa série infinita de zeros que, com a sua massa, produzam uma unidade ou numa interminável sucessão de rodas e polias as quais, do seu próprio peso, tirem o poder de se acionar.

Quem deu o ser às constelações e quem animou a vida dos anjos foi um Motor imóvel, ou como diz Dante, o Primeiro Motor: Deus.

Deus imprime o movimento, o devir, a vida nos seres, determinando ao mesmo tempo um fim ao próprio movimento: fim que coincide com o princípio, por querer Ele que as criaturas, assim como dele partem, a Ele regressem.

De modo que a vida toda – a fantasmagórica transmigração de astros e de homens, de épocas e de células – é uma marcha circular – uma prova cíclica, semelhante a um jogo divino, de beleza e importância imortais – como que o gesto de um Pai que deixe por um instante a criatura a fim de que, feitos alguns passos, ela regresse ao seu amplexo, sem cair, ou, pelo menos, reerguendo-se. É a sua vontade que age, e a ela responde a criação:

> Ellè quel mare al qual tutto si move
> ciò ch'ella cria o che natura face (Paraíso, III, 86-87).

3. Segundo João Ameal (São Tomaz de Aquino, p. 158-160):

"A primeira via é a mais simples, a mais evidente, visto apoiar-se no fato universal do movimento. Os nossos sentidos atestam que no universo existem coisas que se movem. Ora, todo o objeto que se move é movido por outro em relação ao qual se encontrava em potência. Isto porque mover significa, precisamente, fazer passar da potência ao ato. Firmados no princípio da não contradição, sabemos que não é possível que o mesmo ser, sob o mesmo aspecto, esteja, simultaneamente, em ato e em potência. O que se encontra, por exemplo, frio em ato só em potência se encontrará quente. Desde que não passe a certo estado de calor em ato, ficará apenas frio em potência. Logo, todo o objeto que se move, repetimos, tem de ser movido por outro já que não é, ao mesmo tempo, o que move e o que é movido. A seguir, faremos igual raciocínio acerca desse outro que move o objeto considerado, mas, por sua vez, recebe de algures o seu movimento. Assim sucessivamente até encontrarmos o Primeiro Motor, imóvel, na origem da mobilidade universal. Esse Primeiro Motor é indispensável. Se nos fosse lícito continuar até o infinito, não haveria motor inicial mas, então, não haveria também motores intermediários e nada teria movimento no mundo. Que é o Primeiro Motor senão o próprio Deus?"

4. Segundo Jacques Maritain (Caminhos para Deus, p. 30-31)

"Nosso mundo é o mundo do devir. Não há fato mais indubitável e mais universal que o movimento ou a transformação. Mas que é transformar? Este grão de trigo não é ainda o que virá a ser; pode vir a sê-lo, e quando estiver consumada a mudança, sê-lo-á sob uma determinação atual. Mudar é para uma coisa já em ato, mas também em potência sob outros aspectos, passar do ser em potência para o ser em ato.

Como, porém, poderia uma coisa dar a si mesma aquilo que não tem? Com relação a isto ou aquilo que ela pode meramente ser, mas que no momento não é; é impossível que ela se faça tornar isto ou aquilo que ainda não é. É alguma coisa da ordem do que já está em ato, são as energias físico-químicas do meio que fazem com que o grão de trigo passe do que é em potência ao que será em ato. Tudo aquilo que é movido é movido por outro. (Tudo o que passa da indeterminação à determinação ocorre por ação de outra coisa).

Ora, é a própria coisa já em ato, cuja ação faz com que outra coisa mude, sujeita ao devir? Torna-se ela, ao agir, algo mais do que era enquanto simplesmente existente? Neste caso, outra coisa a move a agir. É esta, por sua vez movida a agir por outro agente? Imaginemos quantos agentes quisermos: enquanto o agente de cuja ação depende a ação dos outros agentes da série também passa da potência ao ato, necessário se faz propor outro agente que mova.

Se, porém, não houvesse um primeiro agente, a razão de ação de todos os outros jamais seria posta na existência; nada moveria nada.

Não podemos retroceder interminavelmente de agente em agente; é preciso que nos detenhamos num primeiro agente. Porque é o primeiro, ele mesmo não é movido, é isento de todo devir, separado de toda mudança e de toda possibilidade de transformação. É o Agente absolutamente imoto que ativa ou move tudo mais".

5. Segundo Battista Mondin (Quem é Deus, p. 231-2):

"Santo Tomás introduz a Primeira Via dizendo que é "a mais evidente", porque o fenômeno que toma em consideração, a saber, o movimento, é um fenômeno ao alcance dos sentidos. Se se deixa de lado os argumentos que Tomás apresenta para sustentar os dois princípios de que se vale para ascender do fenômeno do movimento a Deus, o argumento reduz-se ao seguinte: É certo e constatado pelos sentidos que neste mundo algumas coisas se movem. Ora, tudo o que se move é movido por outro. [...] Se, pois, aquilo do qual deriva o movimento é, por sua vez, movido por outro, será necessário que também este tenha sido mudado por um terceiro, e este por um quarto: mas não se pode proceder assim ad infinitum. [...] Portanto, é necessário chegar a um primeiro princípio do movimento que não seja movido por outros. Esse é o que todos os homens chamam Deus".

6. Segundo Leonel Franca:

"O primeiro fato que profundamente impressiona a inteligência em face do espetáculo grandioso do Universo é o da mutabilidade das coisas".

1. *Certum est et sensu constat aliqua moveri in hoc mundo.*
Assim inicia Tomás de Aquino a exposição concisa de sua prova. Não há evidência menos incontestável que a existência do movimento que

nos atestam os sentidos. Movimento local, antes de tudo, translação dos corpos de uma para outra posição do espaço. É o mais evidente à observação externa; é o único a que vulgarmente damos o nome de movimento. Filosoficamente, o termo tem uma amplitude maior e praticamente é reciprocável com o de mudança. Ao lado do movimento de translação temos o movimento quantitativo dos seres que aumentam ou diminuem a própria mole, as dimensões de sua grandeza; o movimento qualitativo de energias ou qualidade que arrefecem ou intensificam a própria atividade; o movimento substancial de seres que começam ou cessam de existir; elementos que se combinam para formar novos corpos compostos que se desfazem em seus elementos; seres vivos que começam ou terminam o ciclo de sua existência, nascem e morrem. Mas acima da ordem material, no domínio das realidades espirituais, movimento ainda das inteligências que passam da inação à atividade, ampliam e enriquecem os seus conhecimentos, das vontades que amam ou cessam de amar, inclinam-se para este ou aquele objeto. De alto a baixo, na escala dos seres acessíveis à nossa observação, um fenômeno constante e universal: o movimento, na sua acepção mais ampla, a mutabilidade contínua. O *fieri*, o *devenir*, o *werden*, o *vir a ser* incessante das coisas: eis o que nos atestam com ineluctável evidência todas as nossas fontes de conhecimento desde os sentidos que atingem o movimento local até a consciência que nos refere os movimentos internos do nosso mundo espiritual. A evolução, no sentido de transformação geral das coisas, é o que de mais incontestável oferece-nos a observação e experiência do Universo.

2. Analisemos, agora, a noção de *mudança*, no que ela tem de essencial, e que por isso se encontra necessariamente em todas as suas variadas formas.

Onde há movimento, aí, há ser porque se nada houvera, nada se pudera mover. O ser, porém, que se move não é ser realizado em sua plenitude, porque mudar é adquirir alguma coisa e quem adquire alguma coisa não a possuía anteriormente. Ao ser que ainda não é, mas pode ser alguma coisa chamemos: *potência*.

(Exemplos: movimento local, água que se aquece, inteligência, etc.)
Ao ser que é, que realiza de fato a sua definição, chamemos *ato*. O ato é, pois, uma *perfeição*; a potência, uma *capacidade* de perfeição. A potência entre o ser e o puro nada. O movimento define-se então naturalmente como *a passagem da potência ao ato*, ou na linguagem técnica e precisa de Aristóteles: o ato de um ser que está em potência enquanto está em potência. O movimento é ato – pois existe, mas não é atualidade pura porque vem a ser (*devient*). Sua potencialidade tende a atualizar-se progressivamente porquanto muda. Chegamos assim a analisar esta noção complexa do *devenir* e dar-lhe a definição de uma fórmula técnica: o movimento, na sua mas ampla acepção, é a passagem da potência ao ato.

3. Continuemos as nossas reflexões e vejamos se este fluxo misterioso do vir a ser basta a si mesmo e sem nenhuma noção complementar realiza as condições essenciais e inelutáveis de um objeto do pensamento, isto é, se se apresenta em si sem contradição. Não; evidentemente não as realiza.

Um ser por si mesmo e isoladamente não pode passar da potência ao ato. Quem se move para adquirir uma perfeição, não a possui; se já a possuíra cessaria, com a sua razão de ser, o movimento; quem se move, portanto, não possui em ato a perfeição para a qual se move, mas simplesmente em potência. E ao mesmo tempo não a pode dar a si mesmo; porque dar uma perfeição significa possuí-la, tê-la em ato.

Se, portanto, um movimento isoladamente bastasse a si mesmo, nós nos acharíamos diante da contradição seguinte; um mesmo ser, possuiria e não possuiria ao mesmo tempo a mesma perfeição; estaria simultaneamente em ato e potência relativamente ao mesmo termo; seria determinado e indeterminado. Duas afirmações contraditórias cairiam sobre o mesmo ponto e tornariam ininteligível o *fieri*. Um ser, portanto, não pode passar da potência ao ato senão por meio de outro ser já em ato; tudo o que se move é movido por outro; *quidquid movetur ab alio movetur*: eis um princípio analítico que brota espontâneo e necessário da análise do *fieri* universal. Se quereis exemplos concretos para sustentar o vigor do pensamento nos seus processos analíticos, lembrai-vos; uma bola de bilhar não se põe em movimento, se não é impelida por outra, e esta pelo taco, e o taco pelo braço do jogador e este pelas energias físico-químicas do organismo, etc. Numa locomotiva uma roda é movida por outra, esta pela tensão dinâmica do vapor, este pela energia térmica do fogo, este pelas energias químicas da combustão e assim por diante. Um germe não se desenvolve sem a ação estimulante do ar, da luz, do calor, do solo, etc. A vontade não quer sem a atração do bem; a inteligência não entra em atividade sem a determinação do objeto. Por toda parte: *quidquid movetur ab alio movetur*: onde há um móvel aí encontrareis um motor que lhe explique o movimento. Um movimento absoluto, um ser que sem nenhuma determinação motriz anterior começasse a mover-se seria uma contradição impensável na ordem lógica das ideias, como impossível na ordem ontológica das realidades. Nenhuma mudança é incondicionada, autônoma, independente.

A mudança é a união sucessiva do múltiplo e do diverso. "Esta união sucessiva não pode ser incondicional; negá-la seria negar o princípio de identidade e dizer que elementos diversos, que *de si* não seguem, de si se seguem, que a ignorância que *de si* não é a ciência, nem unida à ciência nem seguida da ciência, pode, de si, ser por ela seguida. Afirmar que o *devir* é a sua própria razão de ser é pôr a contradição no princípio de tudo. (Garrigou-Lagrange, *Dieu*, p.242) Eis uma certeza absoluta. É o primeiro passo. Demos mais outro.

4. Tudo o que se move é movido por outro, *ab alio*; para todo o móvel, há um motor. Qual pode ser este *aliud*, este motor? É também ele um motor, que para mover precisa ser movido, como a bola do nosso bilhar, o taco do nosso jogador, etc.? Então, não nos achamos diante de uma explicação definitiva, satisfatória, tranquilizadora da razão nas suas exigências primordiais. O nosso motor é por sua vez um móvel: como motor explica imediatamente o movimento seguinte, como móvel precisa por sua vez de outro motor que o explique. E é o espetáculo que nós contemplamos no universo: uma série inumerável de motores movidos; isto é, de movimentos que não têm em si mesmos a razão última de sua existência, e nos quais cada um depende do que o precede.

Recuai no passado quanto quiserdes, colocai entre as transformações atuais da energia cósmica e o primeiro palpitar do Universo nascente o número que quiserdes de motores intermediários; podereis talvez deslumbrar a fantasia, não satisfareis a razão. Pouco importa mesmo que a evolução do mundo dure *ab eterno* e seja infinito o número de motores passados; nem a filosofia nem a ciência autorizam semelhante hipótese; mas, neste momento, para a nossa conclusão é-nos indiferente.

"*Ce nouveau devenir, condition de possibilité du premier devenir, ne serait lui-même possible qu'en dépendance d'une condition extrinsèque; et il en serait aussi pour quelque devenir que nous voulions mettre en série, puisque l'insuffisance d'intelligibilité propre que nous invoquons, se fonde, non sur une particularité de chaque devenir, mais sur la structure métaphysique commune de tout devenir*" (Le Problème de Dieu d'après M. Edouard le Roy).

5. A deficiência aqui é essencial e não pode ser satisfeita nem suprida pelas acidentalidades do número e do tempo.
Podeis multiplicar ao infinito os cegos, não tereis um vidente; podeis prolongar os canais, nunca tereis uma fonte; podeis alongar quanto quiserdes o cabo de um pincel, sem a mão do artista, na sua origem, não explicareis a pintura; podereis enfileirar infinitos espelhos, sem um foco luminoso não dareis razão das reflexões que se sucedem. Cada um dos motores passados precisou de ser movido como os presentes; todas as transformações anteriores de energia do nosso sistema solar e de todo o universo já não "são causa, foram tão transitórias e tão indigentes como as atuais, também elas precisam de explicação: se é eterna a sua série, é eternamente insuficiente" (Garrigou-Lagrange, *Dieu*, 246, cfr. p. 242). É necessário, é inelutável parar, concluiria Aristóteles; é mister sair das séries dos motores movidos e remontar a outra esfera, a um motor que move sem ser movido; motor de outra ordem, que não

é pré-movido, para mover, e que neste sentido se deve dizer plenamente imóvel, não da imobilidade passiva da potência, que espera a sua determinação, na imobilidade da inércia, mas da imobilidade suprema do Ato, plenamente realizado, na onímoda perfeição do Ser que já se não move nem se pode mover porque nenhuma perfeição há cuja aquisição possa explicar o movimento: o Ser, Ele o possui na sua plenitude infinita.

6. Tocamos o cimo mais alto das nossas ascensões. Árduos foram talvez os esforços do itinerário, mas as consolações da eminência conquistada são fartamente compensadoras.

Temos, pois, uma *certeza racional* absoluta da existência de Deus. Partimos de uma realidade incontestável: a mutabilidade das coisas: podemos averiguá-la a cada instante no mais insignificante movimento da natureza sensível, como na fugacidade interior de qualquer ato da inteligência ou da vontade que registra a nossa consciência. A análise racional mais rigorosa mostra-nos à evidência que o *fieri* não é em si, isoladamente, inteligível, nem portanto *afirmável*.

A multiplicidade, a mutabilidade não podem resumir e esgotar todo o Ser, sob pena de impormos à nossa inteligência a contradição como a sua lei fundamental, isto é, sob pena de a destruirmos radicalmente. Existem seres múltiplos e móveis? Logo há um Princípio superior que lhes explica a existência múltipla e variável. É um nexo racional inelutável. Basta o vigor da inteligência para apreendê-la e a existência de Deus coloca-se na esfera das certezas indubitáveis" (*O Problema de Deus*, p.197-202– Edit. Agir -Rio- 1953).

CAPÍTULO VI

AS OBJEÇÕES

1. Objeção

O recurso ao circuito fechado das causas pode dispensar o acesso à causa primeira e suprema, fora da série das causas móveis. De fato, suposto que haja o começo do movimento nas causas subalternas e que a última seja a causa da primeira. então o sistema fechado de causas tem explicação em si e por si.

Resposta:

1. É evidente o absurdo. A última causa da sequência seria ao mesmo tempo, efeito e causa do próprio movimento dentro da mesma ordem. Seria como ser e não ser, ao mesmo tempo e sob o mesmo aspecto. A última causa da série deveria estar em potência para receber o influxo causal e, ao mesmo tempo, estar em ato para ativar a própria potencialidade operativa. Isso equivaleria a produzir antes de ter. Pior, antes de ser.

Salta à vista que a geração circular repugna à lógica. Ela consistiria no fato de A produzir B; B produzir C; C produzir D e assim por diante até produzir X que iria. produzir A. Ora, tal hipótese é manifestamente absurda. Pois A deveria, ao mesmo tempo, existir e não existir. Deveria existir para produzir B e não deveria existir porque deveria ainda ser produzida por X porquanto ainda não estava posto na ordem das coisas reais.

O calor da terra depende do sol, mas a irradiação do sol não pode depender do calor da terra.

O ato livre da volição de um fim é a causa da escolha dos meios para a consecução daquele fim. Mas os meios não são a causa eficiente pela qual se quer o mesmo fim.

No ato de pensar, o pensamento depende do ser do objeto, mas o ser do objeto não depende da mente. Ele existe ainda que a mente não o capte.

2. Só é admissível o circuito fechado da causalidade em ordem diversa. Daí o adágio: *Causa ad invicem sunt causae, non in eodem ordine, sed in diverso ordine*. Ou seja: "A causa é causa de si, não na mesma ordem ou nível, mas em plano diverso". Assim a vontade é causa eficiente da perseguição do fim colimado e realizado como resultado do ato volitivo (Isso no plano executivo), mas, no plano intencional, o fim atua como causa que desencadeia o processo volitivo. A causa final é causa da causa eficiente no plano intencional e a causa eficiente é a causa da causa final enquanto a realiza, tornando-a produto ou resultado, mas isso no plano executivo.

3. Pelo visto, a linearidade ou a circularidade da concatenação apenas afeta a modalidade no transmitir da ação causal. De nenhum modo exclui a exigência de conectar a série em um princípio primeiro e imóvel.

Tal hipótese seria imaginável desde que o universo como um todo fosse independente de seus componentes de causa e de efeito recíprocos. Todavia esse todo não existe fora das partes que o integram e estas postulam, por natureza, a razão de seu movimento.

2. Objeção

A vida define-se como *motus sui*", isto é, movimento de si mesmo. O ser vivo move-se a si mesmo. A vida não é mero mecanismo porque este depende de uma causalidade extrínseca. É próprio da vida ser ela o agente do próprio movimento. Tecnicamente, a objeção se formula assim:

A vida define-se como um movimento imanente que se sustenta a si mesmo. É um *motus sui*. Sendo assim, o princípio "tudo que se move, move-se por força de outro" não tem validade absoluta. Com efeito, os seres vivos dispensam o influxo de fora.

Resposta

1. Naquilo que é composto de partes, embora formando uma unidade de natureza, uma parte é fonte de motricidade para a outra. Uma vez que o todo está ativo, tem-se a impressão de que ele basta a si mesmo. Mas, a bem dizer, aí, nenhuma parte move-se a si mesma. Caso assim fosse, cada parte deveria, ao mesmo tempo e sob o mesmo aspecto, estar em potência e em ato. Por isso, no ser vivo, nenhuma parte responde plena e adequadamente pelo movimento vital do todo. Na verdade, o princípio ativo da totalidade do ser vivo procede de fora. Provém de algum ser distinto daquele ser vivo.

2. Poder-se-ia dizer que o movimento do ser vivo depende do princípio intrínseco da vida, a alma. Mas esta também é um ser em potência. É um móvel que requer, por sua vez, alguma moção de fora. A alma não se autocria. Ela tem origem.

3. Como explica Maritain (in o.c., p. 33): "É próprio do ser vivo mover-se a si mesmo. Contudo, não é enquanto está em

potência, mas, ao contrário, em virtude de estar em ato que ele se move ou faz passar a si mesmo da potência ao ato. O que faz passar o músculo da potência ao ato, quando se contrai, não é o fato de estar em potência para contrair-se, mas por força de outra coisa, a saber, o influxo de um neurônio já em ato".

4. Além do mais, cumpre observar que um ser vivo não se basta a si mesmo. Ele se move por ação de outros fatores. É o sol, em última instância física, que ativa e move o vegetal.

5. Há ainda outra razão para relacionar o ser vivo com uma causalidade fora dele mesmo. O ser vivo e orgânico é um composto cuja unidade deve ser explicada. Pois *si diversa in aliquo uniuntur, necesse est huius unionis causam esse aliquam; non enim diversa secundum se uniuntur* (Pars I. q. 3, art. 7;.C. Gent, 1. I: Cpt XVIII, n. 4). Ou. seja: "Se coisas diversas estão unificadas, é necessário que exista a causa de tal união; coisas diversas não se juntam por si mesmas".

6. O filósofo há de fazer uma distinção, ao responder a esta objeção. Que os seres vivos movem-se a si mesmo, de modo parcial, pode conceder. Mas que o ser vivo seja princípio adequado de sua totalidade de movimento, nega. Vale dizer. O princípio não declara que nada não possa ser movido por si mesmo. As forças intrínsecas explicam, parcialmente, o movimento do ser vivo. O que o princípio afirma é que o movimento vital só tem explicação completa fora dele mesmo. Portanto, onde há movimento, deve de haver uma causa adequada que o explica. Daí, tudo que se move, move-se por força de outrem. Em suma, a vida do vegetal ou do animal não explica por si a origem do próprio movimento e muito menos a vida no animal racional.

3. Objeção

A vontade livre é espiritual e por isso não tem partes. Ela é um ser simples. Aí. não existe uma parte que move a outra. No entanto, a vontade, por não estar sempre em ato, é passível de passagem da potência para o ato. Como explicar essa passagem senão por ela mesma?

Resposta;

Pelo simples fato de ser a vontade uma potência apetitiva para o bem, ela não se explica como passagem para o ato, considerando a própria estrutura. Tudo que se move é movido por outro. Seu vir a ser requer então um movente distinto dela mesma. A causa movente da vontade é o bem. O aspecto de bom que as coisas ostentam. O ato volitivo é especificado pelo seu objeto que representa parcela de bem que as coisas incorporam.

Quanto aos atos volitivos, a vontade pode produzi-los e realizá-los porque ela já é algo em ato. Ela é um poder operativo na busca contínua do bem. A fonte ou suposto ou sujeito desse poder operativo para o bem é a alma humana.

4. Objeção

O que está contido virtualmente pode ser explicitado sem passar do não ser para o ser já que existe implicitamente. Logo, o vir a ser não supõe, necessariamente, o estado de potência. Tal seria, por exemplo, a vontade. Esta encerraria em si, virtualmente, todos os atos explícitos do querer.

Resposta;

Se a vontade contivesse, virtualmente, todas as formas do querer, ela seria uma vontade em ato e não precisaria entrar no processo do vir a ser. Não se moveria para chegar até sua perfeição. Mas, se a vontade não encerra, em ato, todos os atos formais de querer, então o recurso à causalidade é indispensável. De fato, ela entra no processo de *fieri*, isto é, passa de potência para o ato. Ela é. uma potência operativa. Isso explica a sua disponibilidade para realizar atos volitivos.

5. Objeção

O que ainda não era e que vem a ser numa faculdade operativa como a vontade apenas enriquece e completa a predisposição daquela faculdade.

Resposta;

Aquela predisposição para querer nada mais é do que uma potencialidade que se realiza na plenitude do ato. É o ato que revela aquela predisposição potencial e confere-lhe a perfeição ainda inexistente.

Como diz Maritain (*in* o.c., p. 33): "Não é a potência de minha vontade com relação à escolha de determinado meio, mas é a minha vontade em ato. tendo em vista um fim, que faz minha vontade passar da potência ao ato com relação à escolha daquele meio". Note-se que a vontade em ato é a faculdade ou o poder volitivo do espírito humano. Ela está já em ato (como faculdade operativa), ao receber o influxo de causa final, isto é, do bem que a atrai.

6. Objeção

Os atos espontâneos dispensam a causa de fora. Assim o animal que se move a si mesmo na busca da caça.

Resposta:

1. O que se diz espontâneo, na verdade, tem uma causalidade. A caça é a causa da excitação motora que move o animal na sua direção.

2. O movimento espontâneo revela a composição de ato e potência. O animal em relação à caça não está sempre em ato. Enquanto não está ao encalço da presa, o animal só está em potência para aquele ato predatório.

7. Objeção
A primeira via prova, sim, a necessidade de um Primeiro Motor que é Imóvel. Todavia não prova que existe apenas um primeiro motor imóvel.

Resposta:

À existência de um único Motor Imóvel chega-se pela consideração acerca de seus atributos. Posto que Deus é Ato Puro, então Ele é infinitamente perfeito. Para ser distinto de outro Ato Puro, necessário seria algum elemento diferencial. Ora, se houvesse tal elemento, Deus já não seria perfeito em plenitude absoluta. Pois um Ente infinitamente perfeito teria o que outro Ente igualmente perfeito não possuiria!

8. Objeção
Os mecanicistas da linha de Demócrito reduzem todo o tipo de movimento ao movimento físico-local. Pensam que, uma vez dado o primeiríssimo impulso, uma parte move a outra de sorte que tudo entra em movimento sem que se registre o trânsito de potência para o ato. A hipótese, supõe um movimento original que é incondicionado.

Resposta:

O erro de base daquela corrente está em pensar que seja possível reduzir todos os movimentos à mutação local. Erro grosseiro. Onde ficariam os movimentos qualitativos e substanciais? Além desse primeiro reducionismo barato e sumário, os mecanicistas admitem sem provar que o movimento local é absoluto em si. A questão não resolvida por eles é o caráter incondicionado do primeiro impulso.

9. Objeção

Descartes, mecanicista em física, também admite o movimento local como princípio de todo movimento. Porém, admite que o primeiro foi condicionado pela ação da causa primeira, Deus. Apesar de, em física, mecanicista, Descartes é teísta.

Resposta:

1. Descartes entende que o movimento físico é uno e idêntico. Ora, isso é pura fantasia do criador da geometria moderna. Se assim fosse, o movimento seria algo unívoco e seria uma realidade subsistente por si. Seria ainda algo que se transmite de corpo a corpo, embora permanecendo idêntico em si mesmo. O erro está em pensar o movimento qual líquido que se difunde e espalha sem perder a sua natureza.

2. Descartes se esquece do fato seguinte. O movimento é uma realidade inerente a um corpo e nele começa e nele finda. O movimento não se transmite. O que sai dele é o efeito, o ato. O efeito é um ato, uma nova realidade, mas tal realidade é o resultado e não o movimento em si.

3. O efeito já é outro ser em ato e não em movimento. O corpo que é movido adquire a perfeição que não tinha. Pela realidade do aqueci-

mento, o corpo fica quente. Mas o que resulta do processo da passagem da potência para o ato é o corpo quente, o sujeito com aquela nova perfeição. Pois já sabemos que o movimento como tal não é sujeito, mas algo que acontece num sujeito que o recebe. Enfim, não há movimento sem um sujeito que muda.

4. O movimento é algo ininterrupto como fluxo sucessivo. O movimento é trânsito, passagem. Nada tem de fixo ou estável. Por sua natureza é um vir a ser em contínuo movimento. É um cessar de ser (aqui e esta coisa) e um começar a ser (lá e aquela coisa), sempre em marcha para ser (acolá e aquela outra coisa). Nunca, porém, ainda é. É um vir a ser sem ainda ser. Quando adquirir o ser, já não é mais movimento. É ato ou perfeição realizada.

10. Objeção
Para explicar o movimento físico bastaria que existisse um motor imóvel de natureza física e superior aos demais movimentos físicos. Um tipo de alma do mundo segundo os estoicos.

Resposta:

Nosso estudo parte do movimento físico, mas inclui todo e qualquer tipo de movimento. A primeira prova baseia-se no fato de todo e qualquer movimento implicar composição de potência e de ato no sujeito móvel. Se a tal de alma do mundo tiver justificativa plena em si e não necessitar de trânsito entre potência e ato, então seria. a razão do próprio ser. Mas em tal hipótese haveria uma identificação entre a natureza de um tal motor imóvel e o movimento em geral, já que, no mundo, não acontecem só movimentos físicos. Há ainda o qualitativo e o substancial.

Caso fosse válida a hipótese do movimento como alma do mundo ter-se-ia o panteísmo. Tal solução, porém, é absurda. O ser absoluto e perfeito seria idêntico ao contingente e ao imperfeito. Pior. O simples seria idêntico ao composto. Cabe, aqui, recordar que a tese do panteísmo foi proposta por Baruch Spinoza.

Eis porque o raciocínio manda transcender a ordem física e apelar para algo de superior cuja natureza e cujo modo de agir não se confundem com as coisas mutáveis e compostas. Aliás, aqui se trabalha com a dimensão analógica de movimento.

11. Objeção

Pelo visto, toda passagem da potência para o ato é a criação de um novo ser. Logo, o poder da causa movente é criador.

Resposta:

A ação da causa movente é limitada e por isso não é ato criador. Define-se o ato criador como produção de um efeito *ex nihil sui et subjecti*, isto é, "sem nada de si nem de qualquer outro sujeito". Ora, na passagem da potência para o ato, parte-se do *nihilo sui*, mas não do *nihilo subjecti*. O movimento acontece em cima de algum suposto porque é um acidente que não existe por si. Portanto, o ser novo é incorporado por um sujeito já existente que se aperfeiçoa com o trânsito. Por sua vez, na criação, aparece um ser novo sem ter um antecedente, nem um suporte para o receber, nem um substrato de onde é tirado. Ali, a causa eficiente tira tudo do nada. Por isso o ato criador supõe um poder infinito. Só Deus pode criar, dando existência ao sujeito e ao movimento em que tal acidente acontece.

12. Objeção

O argumento conclui que Deus é um ser imóvel. Ora, tal conceito é errôneo. Pois Deus, ao querer e ao entender, ele se move a si mesmo.

Resposta:

O termo movimento tem muitas acepções. Nós argumentamos a partir do sentido de passagem de potência para o ato. Ora, quando Deus realiza um ato volitivo ou intelectivo, Ele não transita da potência para o ato. Ele é a plenitude em ato. As suas operações volitivas e intelectivas não significam movimento no sentido em que nós o entendemos, neste argumento. Vejam, na Teodiceia, como os termos da linguagem aplicam-se a Deus. De mais a mais, convém não confundir o ato interno de vontade divina e sua manifestação externa.

13. Objeção

A doutrina de um Motor Imóvel, operando em cada movimento das criaturas, iria entrar em choque com dois grandes princípios da física:

1. O princípio da conservação da energia que se expressa na fórmula: nada se cria e nada se destrói. Ou então: a soma da energia de todo o universo permanece constante.

2. O princípio da inércia que se expressa com a fórmula: nenhum corpo em repouso ou em movimento pode modificar por si mesmo o seu estado de repouso ou de movimento, mas continuará indefinidamente naquele estado. Isso supõe que causas externas não interferem para pô-lo em movimento ou para esgotar-lhe o impulso.

Estes dois princípios estariam comprometidos com a suposta existência de um Motor Imóvel. Pois este injetaria continuamente novas energias e novos impulsos no universo, tornando impossível as duas leis acima referidas.

Resposta:

1. O princípio da inércia, pelo contrário do que se pensa, confirma nossa tese segundo a qual "não há movimento sem uma causa distinta dos corpos que se movem". Um corpo em estado de repouso não é capaz de modificar o seu estado de repouso. Todo movimento ou modificação supõe uma causa proporcionada. Em física, o que se denomina causa é bem o que modifica o estado de repouso ou o movimento de um corpo.

De outro lado, a tese de Newton sobre o princípio da inércia é mera hipótese. Diz E. Poincaré que isso jamais foi suficientemente demonstrado para todos os fatos.

O princípio da inércia apenas diz que o movimento, uma vez recebido o impulso, continua enquanto não for obstaculado por causas de fora dele. Ele persiste como efeito de uma causa motriz inicial. Mas não diz que tal movimento inicial pode ser ou continuar a ser sem uma causa inicial.

Eis porque Jacques Maritain (o.c., p. 35) comenta com tranquilidade: "Considerando o princípio da inércia como estabelecido e concedendo-lhe mesmo por hipótese um significado que ultrapassa a simples análise empiriológica dos fenômenos, basta para responder à objeção observar que, aplicado ao movimento no espaço, o axioma "tudo o que é movido é movido por outra coisa", deve então, logicamente, pelo mesmo fato de ser o movimento considerado como um estado, receber a seguinte significação: todo corpo que sofre uma mudança em relação ao seu estado de repouso ou de movimento transforma-se pela ação de outra coisa. Vale dizer. Se a velocidade de um corpo em movimento aumenta ou decresce, isso ocorre por força de alguma ação exercida sobre ele por outra coisa.

2. O princípio da conservação da energia explica seu funcionamento atual, mas nada diz da sua origem. Se fosse para eliminar a origem de fora do sistema fechado do princípio da conservação da energia e fazer dele a explicação última de si mesmo, cair-se-ia numa ilógica petição de princípio. Pois então dar-se-ia. a prova da hipótese pelo fato que ela afirma e a prova do fato pela hipótese mesma. Seria como dizer que o mundo é um sistema fechado porque a soma de sua energia é constante e é constante porque o mundo forma um sistema fechado. Isso é provar *"idem per idem"*."

14. Objeção

G. Gentile contesta a natureza imóvel da Causa Primeira: "Entre um sistema mecânico (o mundo) e o princípio externo a ele (o Motor Primeiro) não se vê de que modo seja possível conceber outro tipo de relacionamento que não também mecânico".

Resposta:

A moção da causa primeira é apenas virtualmente mecânica e não formalmente mecânica. Ela tem o poder de produzir efeitos mecânicos, mas em si não é um mecanismo. Assim, a vontade humana é mecânica enquanto produz um efeito mecânico, enquanto põe em ação os movimentos físicos dos membros do corpo. Mas a moção da vontade, vista na sua estrutura íntima, enquanto ato da vontade da qual emana, nada tem de mecânico porque é, sim, uma qualidade espiritual e supramecânica. Todavia essa realidade espiritual tem poder para realizar efeitos, no corpo, de ordem mecânica. Eis, aí, a prerrogativa que distingue um ser superior.

Da mesma forma que a vontade humana, ser espiritual e de poder limitado, opera efeitos mecânicos no corpo, Deus, entidade espiritual e de absoluto poder, atua todas as causas do mundo mecânico e produz todos os efeitos de ordem física, química e biológica. Em suma, nada repugna que um ser imaterial atue na ordem mecânica e material das coisas extensas e físicas.

15. Objeção

Admitida a possibilidade do processo até ao infinito na série de movidos e de motores, fica dispensável recorrer ao primeiro movente que não poderia não ser movido por outro. Ora, segundo filósofos como Tomás de Aquino, é admissível a possibilidade de tal processo, já que o mesmo não parece conflitar com a hipótese da criação do mundo *ab aeterno*. Portanto, ficaria removida a exigência de um primeiro movente imóvel.

Resposta:

Antes do mais seja a premissa maior submetida à seguinte distinção: a) admitida tal possibilidade, que, na mesma série, poder-se- ia aceitar não haveria, ai, um primeiro motor imóvel, concordamos. Mas que fora desta série em questão, não fosse postulado a presença de um primeiro motor imóvel, negamos. Pois não há como fugir da necessidade de existir um motor de fora daquela série de onde provém todo o movimento que lhe aciona os moventes próprios.

16. Objeção

Não é porque tudo se transforma que então, necessariamente, tal movimento tende para um termo ou ponto de chegada. Isso supõe a teoria da passagem da potência ao ato. Todavia, na hipótese de um devir absoluto qual puro fluxo, aí, não há como pensar um ser ora em potência ora em ato.

Resposta:

A título de argumentação, poder-se-ia considerar a validade de uma transformação contínua. Mas onde ocorre transformação, aí, acontece, necessariamente, o trânsito do menos para o mais. Há sempre um ato imperfeito em função de outro mais perfeito. Cada elo da transformação não pode isolar-se do conjunto da série. Cada nova determinação está a dizer que a coisa que sofre a mudança atinge certo grau de ato (ou perfeição), mas transitório que se distingue dos demais atos transitórios apenas pelo aspecto da potencialidade. Eis que, mesmo na hipótese do movimento contínuo, retorna a exigência da razão de ser daquela transformação, Pois tudo que se transforma, muda. Tudo que sofre mutação transita da potência para o ato. Tal movimento postula uma causa que só é adequada, quando oriunda de fora do movimento.

CAPÍTULO VII

CONCLUSÕES

Conclusão I

A força do argumento consiste na certeza racional e absoluta da existência de Deus. Basta ter acuidade suficiente para acompanhar o desdobramento do raciocínio e a conclusão impõe-se de modo incontestável. Como afirma Pe. Leonel Franca: "A existência de Deus coloca-se na esfera serena das certezas indubitáveis".

Conclusão II

1. O Primeiro Motor, princípio supremo de toda mutabilidade, denomina-se com a palavra: "Deus".

2. Este Deus revela sua essência como "Ato Puro", isto é, nada encerra de potencialidade, não tem mescla alguma de imperfeição ou de indeterminação. Nele não há sequer possibilidade de movimento, de progresso ou de aquisição de algo novo. Tudo nele é atualidade máxima.

3. É um ser incausado que tem em si a própria razão de ser. É causa de tudo o mais sem ser causa de si já que a plenitude do ser é sua realidade específica.

4. Por não ter causa nem ser causa de si, Ele é, absolutamente, independente de qualquer princípio extrínseco. É um ser "a se", isto é, por si, em si e para si.

5. É também infinito. Possui a perfeição do ser em todas as linhas. Por ser Ato Puro é, necessariamente, infinito. Sua pureza consiste na ausência de potencialidade já que Ele é plenitude em ato, efetivamente, realizada.

6. Deus é ainda imaterial. A materialidade aparece como o substrato de todas as transformações. A matéria oferece base para a extensão: a extensão permite a divisibilidade e a multiplicidade das partes. A matéria limita ou condiciona as determinações como no caso do espírito humano que é limitado e condicionado pela materialidade do corpo. Deus, como está. fora das condições da materialidade, tem, em grau máximo, a liberdade de espírito. Nada o limita ou condiciona.

7. Deus é igualmente transcendente. Ele não se confunde com os seres móveis e finitos. É distinto e supera-os.

8. Ele é imutável. Está fora do tempo e fora do espaço porque tempo supõe extensão material. Por isso Ele move sem ser condicionado pelo tempo e pelo espaço.

9. É eterno porque não está sujeito ao tempo. Não tem passado nem futuro. Ele simplesmente é na integridade absoluta e plena de sua atualidade sem antes nem após.

10. É, enfim, um ser absolutamente simples. Nele não há composição de partes. É indiviso e uno em si. Por isso é distinto dos seres finitos.

Conclusão III

O argumento é sólido porque se apoia na evidência de fatos experimentais: a mutabilidade de coisas reais. Ora, o mutável não se explica por si. Além disso, a mutabilidade das coisas postula uma razão última e radical que por fim revela a nova dimensão do ser. Assim, o intelecto defronta-se com um princípio superior que explica o fenômeno da mutabilidade. Negar o nexo necessário entre o mutável e o imutável seria o mesmo que impor limites à capacidade de entender e dar explicação definitiva à realidade.

Inquestionável que, em assim se autolimitando, a inteligência também, fatalmente, se destruiria a si mesma. Eis porque o intelecto humano não pode subtrair-se da captação do inteligível seja ele de que natureza for. No caso do argumento em foco, o inteligível é a grandeza do Ser Infinito, ante o qual se curva a pequenez da nossa inteligência.

Conclusão IV

Como escreve o Pe. Leonel Franca:

"A nossa inteligência desmaia ante a grandeza do Ser Infinito, como que fica ofuscada pelo esplendor do sol, mas se o não compreendemos, se, por insuficiência essencial de um olhar criado, lhe não podemos esgotar a cognoscibilidade inexaurível, pelo menos algo vislumbramos de sua plenitude. O Ser a que assim nos elevamos na frieza aparente de um raciocínio severo, está perto do Deus vivo das nossas adorações religiosas e dos anseios palpitantes do nosso coração. Ele é o princípio de todo movimento a que se acha suspensa a evolução universal; é a Fonte donde promana toda a vida: é, constata a nossa liturgia, "Rerum Deus tenax vigor, imotus in te permanes": "Na suprema imobilidade, ó vigor tenaz, és a conservação de tudo o que é, que se move e vive".

Parecia que estávamos apenas em companhia de Aristóteles, dissertando, tecnicamente, sobre Ato Puro e Motor Imóvel, na realidade viemos encontrar-nos com o Apóstolo Paulo, anunciando aos atenienses o Deus vivo e pessoal, *in quo vivimus, movemus et sumus*: "em que vivemos, movemos e estamos."

Conclusão V

A bem dizer, a ação da Causa Primeira, como fonte atual, primária, eminente e atual de todo ser é distinta essencialmente das coisas mutáveis e limitadas do mundo. Não está fora porque a Causa Primeira está por toda parte e opera de modo imanente em todos os seres. O mundo de modo algum seria, se não acontecessem com ele todas as causas que o fazem existir. Por isso a ação da Causa Primeira é parte do mundo, já que é a condição básica da existência dele. Eis porque Deus está imanente ao mundo como princípio ou fonte primacial. Mas ele é distinto do mundo por ter outra natureza. Ele está presente e atuante porque todas as coisas são insuficientes por si para explicarem o próprio movimento e a própria consistência no ser. Nada mais errôneo então que o panteísmo de Baruch Spinoza. Este confunde e identifica a Causa Primeira com as causas segundas. O monismo substancial gera aporias insustentáveis no plano da racionalidade e configura paradoxo.

Conclusão VI

Pelo fato de ser misteriosa a relação entre Deus e o mundo, como aliás, é misteriosa a relação entre o nosso espírito e nosso corpo, nada proíbe a necessidade de afirmar sua consistência real. É forçoso afirmá-la já que, de outro modo, não se explicaria nem se tornaria inteligível a origem do movimento, da evolução e da natureza toda.

Conclusão VII

É um adágio consagrado pela Escolástica que a Causa Primeira opera pelas causas segundas, sendo que estas são causas entre elas. Isso não obstante nada diminui a ativação delas pela Causa Primeira. Esta, "mediante o formigar imenso das atividades do cosmo, faz com que os seres sejam produzidos uns pelos outros, no ciclo de evolução das espécies, mantendo todas as naturezas na existência e na ação" (Maritain).

Conclusão VIII

Seja de novo esta reflexão do imortal Leonel Franca:

"Consideramos o universo no seu aspecto dinâmico. A mutabilidade é a condição geral de todos os seres submetidos a nossa experiência interior e exterior. Por toda parte, tanto no mundo da matéria quanto na vida do espírito, deparou-se-nos esta realidade incompleta e que se completa a qual chamamos, na sua acepção mais ampla de atualização, de uma potencialidade anterior em qualquer ordem. O movimento em si isolado, não é plenamente inteligível; todo o móvel tem um motor, a razão do seu movimento; o "fieri" ou o vir a ser universal não se torna compreensível sem a existência de um ser que não esteja sub-

metido às vicissitudes da mudança: que seja motor sem ser, por sua vez, móvel. Chegamos assim ao "Motor Imóvel"(KIVEÕV ÁKIVETOV – de Aristóteles), ao "Ato Puro", isto é, a Perfeição plena sem mescla de potencialidade ou imperfeição".

Conclusão IX
A presença de maior densidade e com maior desempenho energético é também a mais discreta e silenciosa de todas. Ele é o presente aparentemente ausente!

EPÍLOGO

Evocar o nome de Tomás de Aquino (1221-1274), ao longo da explanação deste argumento, nada mais necessário para o brilhantismo da prova. Na esteira de Aristóteles, Tomás de Aquino primou pelas provas ditas cosmológicas porque alicerçadas na objetividade das coisas reais deste mundo ("cosmo") e não em meros conceitos. Por sua vez, Anselmo de Aosta, o maior pensador do século XI, trilha por outra senda bem diversa para provar, racionalmente, a existência de Deus. Embora, também ele tenha trabalhado com as provas denominadas a posteriori, isto é, calcadas em fatos deste mundo, o que o celebrizou foi a tal de prova a priori ou argumento ontológico. A partir da ideia sobre Deus que cada um possui, intuitivamente, Anselmo deduz a existência real e objetiva e extramental. Não ocorre, aqui, analisar aquele argumento. A referência ao nome de Anselmo (1033-1109) de Aosta vem a propósito da prece de sua lavra cujo teor fecha, com chave de ouro, esta nossa reflexão. Aliás, diga-se só de passagem, além de exímio intelectual, Anselmo galgou os píncaros da perfeição ética e moral, sendo por isso consagrado santo pela Igreja católica.

"Ó Senhor, meu Deus, ensina o meu coração onde e de que maneira deve Te procurar, onde e de que maneira pode Te encontrar. Se não estás aqui, Senhor, como eu poderei encontrar-Te longe daqui? Se estás em toda parte, por que não Te vejo presente, agora? Claro, moras numa luz inacessível, mas onde está esta luz inacessível? Ou como poderei aproximar-me dessa luz? E quem me guiará até ela a fim de que eu possa ver-Te e, através de quais sinais e por meio de qual imagem, eu Te reconhecerei? Jamais Te vi, Senhor meu Deus. Não conheço a Tua face. O que poderei fazer, excelentíssimo Senhor, o que poderá fazer este teu perdido peregrino? O que deverá fazer este servo que aspira ao teu amor e é mantido afastado da tua face. Está ansioso por Te ver, mas está tão longe da tua face. Ele quer aproximar-se de Ti, mas tua morada é inacessível. Deseja, ardentemente, Te encontrar, mas não sabe onde moras. Afana-se em procurar-Te, mas não conhece a tua face. Ó Senhor, Tu és o meu Deus e o meu Senhor e eu nunca Te vi. Tu me criaste, fizeste-me renascer, deste-me todos os bens que possuo, mas eu ainda não Te conheço". (in *Proslogion*).

SEGUNDA PROVA

A CAUSALIDADE

ÍNDICE

VOCÊ ACREDITA EM DEUS?.........107

INTRODUÇÃO - A EXISTENCIA DE DEUS NA ATUALIDADE................108

CAPÍTULO I - DEMONSTRAÇÃO PELA SEGUNDA VIA: PROVA PELA CAUSA EFICIENTE..................................112

1. A exposição tomista
2. Síntese do argumento
3. As etapas do argumento
4. A base lógica do argumento
5. Preliminar a favor da força causativa
6. A diferença entre a primeira e a segunda das cinco provas a favor da existência de Deus

CAPÍTULO II - O QUE É CAUSA.........116

1. Definição da causa
2. Causa interna e causa externa
3. Dois outros tipos de causalidade: causalidade propriamente dita e causalidade imprópria
4. Causa e princípio
5. As espécies de princípio
6. Princípio da razão suficiente e o princípio da causalidade
7. Fórmula analítica do princípio da causalidade
8. Diferença entre causa, condição e ocasião

9. A objetividade do conceito causa
9.1. Aceno histórico
10. A noção de causa eficiente
11. A estrutura da causalidade eficiente
12. Os componentes da causalidade eficiente
13. A natureza da causa determinante
14. A razão formal da causalidade em série essencialmente concatenada consiste na dependência em relação à causa anterior
15. Causalidade "per se" e subordinação de causas "per se"
16. O influxo atual da causa precedente

CAPÍTULO III - APLICAÇÃO DO PRINCÍPIO DA CAUSALIDADE............136

1. Prova da existência de Deus em base ao princípio da causalidade eficiente
1.2. Explicação da premissa maior
1.3. Premissa menor
1.4. Explicação da segunda menor
2. A impossibilidade de remonte até o infinito
3. Ulterior elucidação da diferença entre série de causas heterogêneas e série de causas homogêneas
4. O valor desta prova: necessidade indeclinável de um começo absoluto
5. A causalidade eficiente primeira e a conservação do ser
6. A segunda via em face da ciência na atualidade

CAPÍTULO IV - SÍNTESES DA PROVA PELA SEGUNDA VIA..........................146

CAPÍTULO V - AS OBJEÇÕES............150

1. Objeção: Causa primeira ainda não é
única e absolutamente soberana
2. Objeção: Na linha do tempo é concebível
uma série sem começo nem fim
3. Objeção: Tudo se explica apenas pela mútua causalidade
4. Objeção: A insuficiência de uma causa isolada pode
ser suprida pelo conjunto que complementa a fraqueza parcial
5. Objeção: Pode ocorrer que ainda apareça algo que é causa si
6. Objeção: Os elementos puros de natureza química e
física são originais. Portanto, dispensam a ação da primeira causa
7. Objeção: O universo como causalidade circular
dispensa apelar para uma fonte causal de fora

CAPÍTULO VI - OS ATRIBUTOS DE DEUS QUE SE DEPREENDEM DA SEGUNDA VIA............156

1. O ser por si
2. O ser que opera no presente atual
3. Ser transcendente
4. O ser presente e imóvel
5. Supercausa
6. O Ser Criador

CAPÍTULO VII - CONCLUSÕES DA SEGUNDA VIA............158

A "Veja" (nº 50, 19, XII, 2001), sob o título "Um povo que acredita", surpreendeu com a estatística:

"Você acredita em Deus?"

Brasileiros que acreditam em:

- 99% Deus
- 55% Punição e recompensa após a morte
- 55% Diabo
- 83% Vida eterna no o Paraíso
- 69% Inferno ou punição eterna

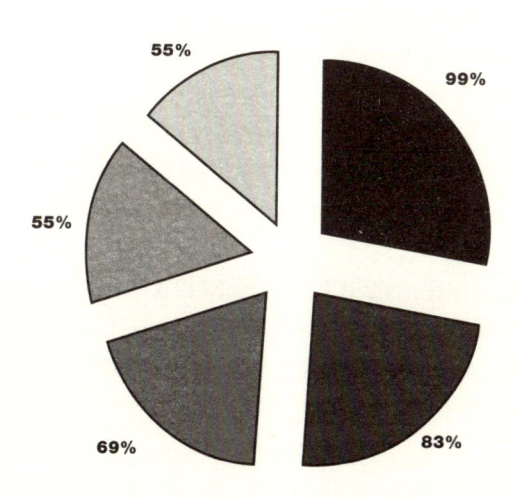

INTRODUÇÃO

A EXISTÊNCIA DE DEUS NA ATUALIDADE

A pesquisa conduzida por **Jaime Klintowitz** para a revista "Veja" (nº 50 de 19/12/2001) revelou um dado surpreendente. Perguntados em que os brasileiros acreditam, a resposta, em porcentagem, deu 99% a favor de Deus. Pelo visto, nosso povo está em posse do conhecimento de Deus. A questão, agora, gira em torno da base racional dessa crença generalizada e difusa. Daí, a nova pergunta: trata-se de noção clara e distinta ou de adesão espontânea e irreflexa?

Salvo juízo em contrário, tem-se a impressão de ter a pesquisa captado uma como que mera intuição quase direta do pensamento, mas falha de embasamento teórico. A maioria esmagadora dos adeptos dessa certeza professa, sim, uma verdade, mas envolta em sombras por carência de análise crítica. Sabem, porém, não dispõem de recurso racional para balizar a convicção.

Como, então, explicar o conhecimento vulgar ou espontâneo acerca da existência de Deus? Tal tipo de certeza merece confiabilidade? Indiscutíveis o sentido e o valor das certezas espontâneas. Antes do mais, seja-lhes ressalvado o teor de veracidade. Elas são, sim, autênticas e validíssimas. Todavia, apenas gozam de evidência implícita, globalizada e imprecisa.

Não ostentam os motivos fundantes e reflexos.

Aliás, as certezas desse gênero formam o acervo daquelas verdades quase intuitivas e necessárias que locupletam o senso comum. Todo indivíduo está munido de garantias lógicas que o habilitam para a vida individual e coletiva dentro da normalidade operativa. Independente de cultivo especial, a mente capta a dimensão inteligível da realidade e formula diretrizes como princípios e axiomas que lhe facilitam o intercâmbio com o mundo. No rol dessas verdades espontâneas está também a certeza a respeito da existência de Deus. A bem dizer, ela figura no ápice qual facho de luz para todas as outras convicções.

Qual então o fundamento de tais verdades irreflexas e espontâneas? O intelecto humano dispõe de dois procedimentos para passar do desconhecido ao conhecido. Ele age de modo direto e imediato ou de modo indireto e mediato. No primeiro caso, parte de uma verdade mais lúcida e abrangente e conclui, no ato, por outra menos fulgurante, mas inclusa no anterior. Tal processo denomina-se inferência. Aí, a passagem é tão rápida e fácil que parece descoberta intuitiva. No segundo caso, tem-se a marcha silogística. O silogismo é reflexo e supõe mediação, isto é, alguma verdade serve de ponte que conecta as premissas à conclusão.

Ora, o processo pensante mais comum é do primeiro tipo. Graças ao mecanismo implícito das ilações lógicas, o povo apossa-se de verdades até profundas e metafísicas, porém, não sabe como responder por elas.

Quando, então, a certeza a respeito de Deus ganha foros de solidez racional? Logo assim que for passível de ser aferida pelo procedimento lógico da demonstração. Não se trata de exigir do povo capacidade para demonstração científica ou matemática. Não é necessário tanta acuidade. Basta um pouco de habilidade pensante para manusear a demonstração filosófica de bom senso. O mínimo de convivência com a função dos primeiros princípios já é o suficiente para o embasamento lógico.

Quando a demonstração articula-se no formato de silogismo, as verdades mais óbvias operam como premissas e a conclusão deflui delas qual efeito necessário. Basta pôr a premissa: tudo que começa a existir, supõe uma causa, e chega-se à conclusão que existe, afinal, uma causa incausada, ou seja, Deus.

Pode-se ainda partir do axioma segundo o qual todo ser que não existe por si mesmo, tem uma causa ou todo ser contingente, se existe, é causado. O caráter analítico destas proposições é de clareza meridiana. Basta apreciar os seus termos. Um ente que existe sem ter em si mesmo a causa dessa sua existência, então, depende de outro para existir. Do contrário, tal existência conflitaria com o princípio da razão suficiente e seria algo não inteligível. Se ele tem uma causa para existir, tal causa ou será autossuficiente ou dependerá, por sua vez, de outrem. Ora, não é exequível regredir até o infinito nesse jogo de empurra. Necessário, então, chegar à causa que não depende de outra e que por isso é não causada. Portanto, absoluta. Ora, isso é Deus.

Destarte, da clareza das premissas emana o facho de luz que ilumina e corrobora a firmeza da conclusão. Assim, a certeza está envolta no fulgor da evidência. É suficiente, então, que se entenda o alcance da premissa.

Basta, portanto, habilitar a mente para lidar, de modo explícito e reflexo, com os primeiros princípios. Então, com relativa destreza, ela consegue fornecer solidez lógica para as conclusões de seus raciocínios. Tal esforço de demonstração deveria acompanhar pelos menos a certeza sobre Deus. Conhecer Deus apenas pela via da espontaneidade é expor-se ao risco de estar na posse de um riquíssimo patrimônio sem condições de justificativa e de proteção.

À guisa de lembrete sejam, aqui, referidas as cinco provas ("vias") elaboradas pelo gênio pensante do cristianismo, *Tomás de Aquino* (séc. XIII):

- A prova pelo movimento;
- A prova pela casualidade;
- A prova pela contingência;
- A prova pelos graus de perfeição;
- A prova pela finalidade.

Capítulo I

A PROVA PELA CAUSA EFICIENTE

1. A exposição tomista

Preliminarmente, seja o argumento tal como Tomás de Aquino apresenta no texto de *Summa Theologica* (p.I.q.II, a3), sob o título *Será que Deus existe?: Utrum Deus sit?*:

Consta que, neste mundo sensível, há uma ordem de causas eficientes. Ora, não acontece que uma coisa seja antes de si mesma porque, então, deveria existir antes de si, o que, aliás, é impossível. De outro lado, não é possível retroceder até o infinito na série de causas eficientes (essencialmente ordenadas entre elas) pela razão que, em todas as causas eficientes ordenadas, a primeira é a causa da intermediária e a intermediária é a causa da última, quer as intermediárias sejam muitas quer só uma; e, se for removida a causa, tira-se o efeito. Portanto, se não houver uma causa primeira eficiente também não existirá a última nem a intermediária. Ora, se houver regressão até o infinito na série das causas eficientes, não haverá também uma primeira causa eficiente e, assim, não haverá nem efeito último nem as causas eficientes intermediárias: o que é, manifestamente, falso. Daí, ser necessário admitir uma causa eficiente primeira. À esta causa todos denominam Deus.

2. Síntese do argumento

Encontramos, no mundo de nossa experiência do dia-a-dia, o fenômeno da causalidade eficiente. Porém, não se constata que alguma coisa seja a causa eficiente de si mesma. Pois, em tal caso, ela deveria existir antes dela mesma. Isso é impossível. Ora, seria absurdo proceder até o infinito, em se tratando do nexo entre as causas eficientes porque, em todas as causas eficientes, ordenadas entre elas, a primeira é a causa da subsequente. Além disso, eliminada a causa, desaparece o efeito. Se, então, não existir uma primeira causa, também na existiria nem a intermediária nem a última. Ora, o processo ao infinito, neste caso, equivaleria a eliminar a primeira causa eficiente. Assim, a sequência mesma desvaneceria no vazio do nada e nenhuma causalidade eficiente aconteceria, no momento presente, por falta de um primeiro impulso.

3. As etapas do Argumento

As etapas básicas do raciocínio constituído pela segunda via são os seguintes:
1) A constatação do fenômeno causalidade eficiente;
2) Depara-se com o caráter contingente e precário da causalidade eficiente em estado de subordinação;
3) Advém a necessidade de uma causa primeira e soberana;
4) A seguir, explicita-se que o procedimento até o infinito, em causas eficientes, nada elucida além de ser absurdo;
5) Conclusão: como declara Tomás de Aquino, é necessário admitir uma causa eficiente primeira. A ela damos o nome de Deus.

4. A base lógica do argumento

A segunda prova não toma como ponto de partida o fato experimental do movimento ou do vir-a-ser tal como ocorreu na argumentação articulada para a construção da primeira das cinco vias trabalhadas por Tomás de Aquino com o intuito de demonstrar, racionalmente, a existência de Deus. No entanto, tanto lá como agora, considera-se o universo no seu aspecto dinâmico e acessível à experiência comum dos indivíduos. Desta feita, o ponto de apoio para a reflexão consiste em enfocar o ser das coisas enquanto insuficiente por si a fim de justificar a própria atividade. Assim, o conceito de causa passa a ser apreciado em seu aspecto formal de operação efetiva porquanto responde pelo ser dos efeitos que ela gera. Portanto, a atenção volta-se não para o efeito como tal e, sim, para a causa enquanto responde pelo ato de existir do efeito. Em suma, a primeira via considerou o lado passivo e receptivo das coisas; esta segunda via aprecia o lado ativo delas enquanto agem, operam e produzem algo de novo no mundo real.

5. Preliminar a favor da força causativa

A coerência da prova reside no fato seguinte. Tanto as causas isoladas como as conexas ou ordenadas entre elas, todas são, necessariamente, concausas ou subcausas. Por isso não podem desempenhar a função causante sem antes terem recebido de fora a força causal. Elas devem receber a fim de agir formalmente como causa. Ora, essa tal de força causativa (*vis causativa*) provém ou delas mesmas ou de outra fonte ou, enfim, do nada. Mas do nada, nada procede. Fica, portanto, excluída essa terceira hipótese. Na hipótese de subcausa, supõe-se uma causa anterior e superior. Logo, sua eficiência promana de outra fonte. Resta a hipótese de provir a força causativa da própria causa.

Então, essa seria ou fonte imediata e relativa ou absoluta. Se relativa, então, depende de outra superior; se absoluta, encerraria em si a razão de sua auto suficiência. Todavia, a razão de autossuficiência não equivale a ser causa de si mesma (*seipsum causare*). Pois, para tanto o ente teria que existir antes mesmo de existir. Isso seria igual a ser antes de ser (*esse prius seipso*). O que é evidente absurdo. Também não seria exequível admitir a hipótese de uma série infinita. Pois, se não existir uma primeira causa, no elo das causas conexas e interdependentes, igualmente, inexistiria a média e a última. Resta, portanto, a necessidade da existência de uma causa primeira a cavaleiro de toda a série de causas conexas em estado de subordinação.

6. A diferença entre a primeira e a segunda das cinco provas a favor da existência de Deus

Quando a planta está nascendo, tem-se o fato do vir-a-ser daquele vegetal emergente. Aí, o movimento analisado na primeira prova. Uma vez formada, a planta continua a existir e produz sementes. Ora, quais as causas que contribuem de modo a possibilitar o desempenho germinativo daquela planta e de suas sementes? Ela recebe o influxo de energias ativadas por elementos químicos e solares. São as causas que operam sempre em conjunto e ordenadamente, respondendo pela existência e pela produção daquele vegetal. Enfim, causas cuja ação finaliza, configurando efeitos.

Aqui, neste segundo argumento, considera-se menos o movimento em si e mais a fonte de onde ele promana. Analisa-se o termo final do movimento qual resultado produzido por alguma fonte causativa. A prova trabalha então em torno da causa eficiente. Diz Tomás de Aquino: *Secunda via est ex ratione causae efficientis*, ou seja, "A segunda via versa a respeito da causa eficiente".

Capítulo II
O QUE É CAUSA

1. Definição da causa

Antes de especificar o que se entende por causalidade, devemos caracterizar o sentido geral de causa. Causa é aquele princípio cujo influxo determina o existir de algo que de per si é insuficiente para tanto.

O ente causado não é suficiente por si só para ingressar no plano existencial. Por isso mesmo ele depende de outro ente. A causa comunica-lhe o existir de fato. Além da existência, a causa responde também pela essência do efeito. Ela atua como fonte determinante da essência e da existência do efeito.

Apesar de ser o maior inimigo do conceito de causa como realidade efetiva, David Hume a define qual princípio produtivo (*An inquiry concerning human understanding*). Pelo visto o filósofo escocês estava bem consciente do perfil exato do seu opositor. De fato quem diz causa fala de princípios de produção. A dependência no ser por parte de um princípio ou intrínseco ou extrínseco, eis o que é essencial do perfil causativo. Logo mais, iremos defrontar com a polêmica suscitada por David Hume.

2. Causa interna e causa externa

A considerar a diversidade dos modos de atuar por parte do influxo causante, a causa divide-se em interna e externa.

2.1. Causa interna: é aquela que contribui para a existência do causado como parte constitutiva. Esse influxo, dentro da constituição intrínseca do ente, opera seja como constitutivo potencial ou determinável seja como constitutivo determinante. No ente substancial, esses dois componentes respondem pela matéria e pela forma, sendo ambos coprincípios da substância. Por isso, causa material designa aquilo do qual algo é feito (*id ex quo aliquid fit*) e causa formal, aquilo pelo qual o ente é constituído em sua perfeição específica (*id quo ens fit*).

2.2. Causa externa: Esta não integra de modo constitutivo o efeito, já que atua apenas pelo lado de fora e dali exerce seu influxo. Isso também ocorre de dois modos. Quando a causa influi no causado e nele produz algo de novo, então chama-se causa eficiente. Em tal hipótese, o causado configura, em sentido estrito e próprio, o efeito. Se, porém, a causa influi no causado apenas pela sua dimensão de bem e como finalidade que atrai e move a causa eficiente, então, denomina-se *causa final*.

Assim configuram-se os quatros tipos de causalidade: a material, a formal, a eficiente e a final.

3. Dois outros tipos de causalidade: causalidade propriamente dita e causalidade imprópria

A segunda via articula o raciocínio probatório em torno do conceito de causa eficiente com significação estrita e própria (*causalitas per se*). Não trabalha com conceito de causalidade em sentido impróprio ou lato (*causalitas per accidens*). Eis porque importa, preliminarmente, distinguir entre um tipo e outro de causalidade.

3.1. Na causalidade própria, a causa transfere e comunica para o efeito a sua forma ou perfeição entitativa. Ali, a mesma forma ou perfeição existente na causa é incorporada no efeito. Nem por isso a forma comunicada passa a existir no efeito do mesmo modo como estava na causa. A forma reaparece, no efeito, mas de modo diverso.

3.2. Assim as causas, que operam por força da natureza, comunicam sua perfeição ao efeito sem modificar a própria razão intrínseca de ser. Há como que relação de univocidade entre a forma da causa e a forma do efeito. Isso é visível no processo da geração animal. Equino gera equino.

3.3. As causas, que agem por força do intelecto, comunicam sua forma ao efeito, mas não a sua razão intrínseca de ser. Aí, a razão de ser do efeito é apenas análoga e não unívoca em face da causa. Seja o exemplo da pintura. O pintor imprime, na tela, a sua forma (modelo) intelectual. Então, o modelo existente na cabeça do artista produz a imagem na tela. No entanto, o quadro produzido nunca reproduz a perfeição da imagem imaterial e abstrata que estava na mente do pintor. É sempre uma reprodução imperfeita e relativa do pensamento que inspirou o artista.

3.4. Do mesmo modo opera a causalidade volitiva. A vontade transfere para o efeito da volição uma forma análoga e não unívoca em face de sua perfeição operativa.

3.5. Tanto na causalidade da natureza como na causalidade das faculdades intelectiva e volitiva, o agente passa para o efeito a sua forma específica seja no nível de univocidade seja no nível analógico. Assim, na causalidade própria ("causa per se"), constata-se uma comunicação do ser do agente para o ser do efeito. A causalidade implica que a mesma perfeição ou forma do agente seja partilhada pelo efeito, ainda que de modo diversificado.

3.6. Essa comunicação entre o agente e o paciente (causa e efeito) não significa, necessariamente, transferência de algo material e sensível. Daí, a distinção da causalidade por emanação e causalidade por participação. A primeira implica no repasse de algo de material para o efeito. É a fonte que transfere água para o rio ou o doador que dá uma soma monetária para o pobre.

Mas, causalidade, no plano metafísico, nada refere de sensível. Nela, de certo modo, o efeito apenas reflete a perfeição da causa enquanto dela participa.

3.7. Em filosofia, o conceito metafísico de causalidade versa sobre o modo de causar por participação. Nela a causa apenas opera dentro da potencialidade receptiva do efeito a fim de lhe ativar a força retida e virtual ou em estado de eclosão ou de vir-a-ser. Seja o exemplo do choque entre as bolas do bilhar. A bola, em movimento, que tira a outra do estado de repouso e põe-na em movimento, não transfere a própria força para a outra bola. Apenas ativa, na segunda, de acordo com a força produzida de que é portadora, a capacidade de reagir ao impacto.

3.8. Enquanto a causalidade por emanação nada produz de novo, já que, ali apenas ocorre transladação de coisas já existentes, na causalidade por participação emerge algo de novo ou surge um ser que antes não existia em ato.

3.9. Nada de quanto ficou o dito a respeito da causalidade própria ocorre na imprópria. Aqui, na imprópria, não há nada de partilha ou de comum entre a fonte e o produto dela. Isso porque a *causa pro accidente* não é a causa em sentido estrito, já que não goza de força produtiva. Nela, as condições, erroneamente ditas causas, não geram efeito algum. Apenas removem elementos que favorecem o desempenho de causas propriamente ditas. O que causa a claridade na sala é a luz do sol; as janelas abertas apenas ensejam a penetração dos raios solares. A luz é a causa da claridade; as janelas abertas, a condição.

3.10. De relevância atentar ainda para outro detalhe. Na causalidade imaterial ou por participação, a ação causante não sofre alteração ao agir. Diz o axioma: *actio est in passo*, ou seja, a ação está no paciente. Com efeito, segundo Aristóteles: "O ato do agente e do movente está no paciente; por isso e necessário que o movido sofra a mutação" (in *De Anima*, III, 2, 426, 4-6). Tomás de Aquino explica: *O ato do agente se perfaz no paciente* (ibidem). Com efeito, a ação está no movente apenas como princípio do qual o efeito emana, mas enquanto sujeito receptivo, a ação e o resultado estão contidos no paciente.

3.11. Daí, já se conclui que causa e efeito não configuram duas realidades diversas, mas constituem uma e mesma realidade complexa, a saber, a causalidade. Isso não impede que a mente distinga, no bojo do ato causal, a ação enquanto fluxo partindo do agente e a "paixão" ou efeito enquanto algo dele resultante. Portanto, na causalidade, a causa e o efeito ambos se distinguem segundo o modo diverso de serem considerados pela razão (Ver Tomás de Aquino, no comentário à *Física* de Aristóteles, III, 3, 202, 9, 13-6, 29). Em suma, sob o aspecto de causalidade, efeito e causa são distintos enquanto entes de razão.

4. Causa e princípio

O conceito de princípio é bem mais extenso do que a ideia de causa. Em assim sendo, a comparação entre esses dois conceitos auxilia e muito no entendimento de causalidade. Com efeito, aceito como pretendia Aristóteles que por princípio entende-se *aquilo de onde algo ou é ou torna-se ou faz-se conhecido* (in *Metaphysica* V, 1; 1013a, 185), então, sabemos que princípio está a designar *"aquilo de onde alguma coisa procede"*. Por isso o conceito de princípio abriga dois elementos, sendo que um provém do outro. Diversamente do conceito de início que apenas denota sucessão temporal ou espacial, a ideia de princípio diz nexo intrínseco entre o princípio como fonte e o principiado qual derivado dele.

5. As espécies de princípio

É relevante a distinção entre o princípio lógico e princípio real. O lógico ocorre no nível do conhecimento. Dele algo de conhecido procede. Este princípio é dito formal, quando enuncia alguma lei tal como fazem os primeiros princípios da lógica: "princípio da identidade", "princípio da não contradição", etc. É denominado material, se contém e veicula algum fato como, p. ex., a existência de um ente qualquer.

Por sua vez, o princípio real versa a respeito de realidades na ordem efetiva do existir das coisas objetivas. Significa algo real de onde alguma realidade provém. Assim sendo, princípio real equivale ao conceito de causa. Aí, no processo causal, o princípio implica certa relação de dependência necessária entre o causado e o causante.

6. Princípio da razão suficiente e o princípio da causalidade

O princípio da razão suficiente é mais amplo do que o princípio da causalidade. Todo ser tem sua razão pela qual ele existe. Tal princípio identifica-se com a inteligibilidade das coisas.

Ora, a razão de ser, quando intrínseca, é idêntica ao próprio ser e reside em sua própria essência tal como ocorre como o Ser Necessário e Absoluto ("Deus"), mas também pode estar num princípio extrínseco que determina a existência e isso acontece nos seres contingentes e finitos. Nesta hipótese a razão suficiente equivale à causa do ser. Assim sendo, o princípio da razão suficiente identifica-se com o princípio da causalidade.

7. Fórmula analítica do princípio da causalidade

Eis como o eminente pensador Leonel Franca elucida:

Tudo o que começa a existir, tem causa eficiente. Começar a existir significa passar do não ser ao ser, do domínio do possível para a da realidade. Antes do começar a existir, nada havia. Se, independente, de qualquer influxo de uma eficiência extensiva, onde antes nada havia, começasse a existir algo, teríamos que o ser e o nada não se oporiam nem se distinguiriam, que uma mesma coisa poderia ser e não ser ao mesmo tempo; não ser porque hipótese não existia; ser porque sem nenhuma modificação deste estado, sem nenhuma influência de um ser já existente, já é alguma coisa. É de evidência imediata que o nada abandonado a si mesmo, será eternamente nada. Sem confundir o ser e o não ser numa identificação absurda, a atualização de um ser ou a sua passagem da possibilidade à existência não poderá realizar-se sem a influência de um ser atual, existente. Ora, um ser que influi com sua ação na existência de outro é o que chamamos causa. Assim, na noção do sujeito o que começa a existir, encontramos a exigência essencial do predicado, exige uma causa.

8. Diferença entre causa, condição e ocasião

8.1. A causa distingue-se de condição e mesmo de condição *sine qua non*, porquanto esta designa elementos circunstanciais e mesmo indispensáveis para o exercício da causalidade. Todavia, a condição não produz o ser do efeito.

8.2. Ocasião não é elemento circunstancial requerido de antemão para o desempenho da causa. Apenas enseja oportunidade para o agir. Assim, diz o ditado que a ocasião faz o ladrão. No entanto, o ato do roubo ou do furto é produzido mesmo pela intenção do agente.

8.3. A ocasião pode vir a ser *causa inadequada*, se for *indutiva* na consecução dos efeitos. Suposto que tal indução influa sobre o ato de vontade, então configura-se a causa moral.

8.4. Se, porém, não for, estruturalmente, indutiva e assim não influir na produção do efeito, então, a ocasião é mera causa acidental (*causa per accidens*). Evidente que ao dizer que a ocasião faz o ladrão, aí, o termo ocasião recebe o significado de causa, mas imprópria. Quem furta ou rouba, por tendência psicopática, é induzido ou levado ao crime pela própria fraqueza do agente. Aí, a ocasião é mero pretexto.

8.5. Quando é intrínseca na causa a virtude de agir, a causa denomina-se principal. É chamada de *instrumento*, quando produz o efeito pela virtude da causa principal.

9. A objetividade do conceito causa

9.1. Aceno histórico

David Hume (1711-1776), em sua celebérrima obra *Treatise of Human Nature*, nega e combate qualquer teoria que confere consistência objetiva à causalidade. Ele explica a seu modo. Ao tomar conhecimento de fatos que se sucedem segundo certa ordem tal como a chama de fogo e a sensação de dor, o observador finda por conectar os dois fenômenos de sorte a parecerem ser um produto do outro. Todavia, trata-se de uma conexão meramente psicológica. Ela nada tem de real. Essa tendência de ligar fato antecedente ao fato consequente dá a impressão da relação entre causa e efeito.

Isso, no entanto, é mero fruto da imaginação.

Como puro e extremado empirista, David Hume argumenta, dizendo: *O nexo causal não tem valor objetivo*. Pois, dele ninguém possui experiência direta.

Evidente que David Hume, filósofo escocês, mereceu o título nada honroso de pai e mestre do agnosticismo moderno.

O erro fatal de Hume tem sido seu engano a respeito do objeto próprio do intelecto. Para ele a inteligência limita-se à função de captar fenômenos sem atingir a realidade do ser. Ele ignora o poder de abstração e por isso nega a dimensão universal da ideia.

Essa obra de Hume acaba de ser publicada, em português, pela Editora Unesp, sob o título *Tratado da Natureza Humana*. O texto abarca três livros: *Do Entendimento, Das Paixões, Da Moral*.

Depois de negar o valor ontológico de causa, Hume reduz a um nome de que nos servimos para designar *um fato a que segue outro e cuja aparição leva o pensamento a esse outro* (o.c., IV, 1). Destarte, o princípio de causalidade configura apenas uma associação entre as imagens de fenômenos próximos que se sucedem. É, enfim, um modo de interpretar a realidade. Nada tem de objetivo.

Salta à vista que o experimentalismo de Hume está alicerçado numa errônea teoria do conhecimento. Para ele não há diferença essencial entre percepção sensível e ideia. Isso porque Hume ignora a função abstrativa do intelecto. Consequentemente, o processo cognitivo fica reduzido ao empirismo. Tal redução limita a capacidade de entendimento por parte do intelecto. No entanto, a relação entre causa e efeito é um inteligível puro que desafia qualquer análise experimental. É uma relação que transcende os fatos. Eis o que Hume não entendeu.

Perante essa recusa formal de reconhecimento sobre o valor objetivo do nexo entra causa e efeito, o filósofo brasileiro de primeira plana, Leonel Franca, comenta:

"*Se a causa não passa de um nome com que designamos um mero antecedente de modo que não possamos nem mesmo na ordem da experiência sensível, (afirmar) que um fenômeno produz outro, influi na sua existência, como ousaremos apelar para uma Causa Primeira de toda a realidade? Se o princípio da causalidade não tem outro valor que o de simples associação de imagem explicável pelo hábito do indivíduo ou da espécie, como nos firmamos nele para transcender toda a ordem fenomenal e, em seu nome, exigir, com certeza, a existência de uma Causa transcendente e extrafenomenal? Estamos, ineluctavelmente, chumbados ao mundo das aparências sensíveis: qualquer tentativa de lhe galgarmos as fronteiras está de antemão condenada a um malogro certo. Tudo o que é metaempírico seria para nós essencialmente incognoscível!*" (o.c.pg. 66).

Apraz então registrar, aqui, a celebérrima crítica de E. Kant ao empirismo: ... *Quando o empirismo torna-se dogmático... e nega, ambiciosamente, tudo que existe além dos sentidos, peca com a mesma falta de modéstia e isso é ainda mais grave por causa dos danos que acarretam aos interesses práticos da razão* (*Crítica da razão pura*, 13, 499).

Em síntese, Hume professa uma teoria gnosiológica errônea e por isso desemboca no âmago do agnosticismo.

Infelizmente, uma plêiade de pensadores de proa vai acolitar esse tipo de empirismo agnóstico e tacanho.

9.2. Depois desta referência histórica ao agnosticismo de David Hume, cabe provar a dimensão ontológica e objetiva do fenômeno causal. Ora, a primeira certeza acerca da dimensão real do princípio da causalidade advém da experiência interna.

Nossa consciência é dela a primeira testemunha. Com efeito, quando apreendemos nossos atos como elícitos, isto é, comandados por nossa livre vontade, então, de imediato, a gente se vê como sendo causa. A pessoa operante é o manancial de onde emanam os atos próprios. Cada qual por isso responde pelos seus atos.

9.3. Se adentramos pelo mundo de nossas observações diárias, aí, iremos deparar com as mutações de todo tipo. Diante de tais fatos, o intelecto pronuncia-se a favor da realidade objetiva e cogente do fenômeno causal.

Ao considerar aquilo que muda ou que começa a ser, seja no plano dos acidentes seja no nível de substância, vemos, com meridiana clareza, que tais mutações estariam fora da inteligibilidade caso não fossem relacionados com a fonte ou com o outro ente de cujo influxo recebeu o resultado da mutação.

É de todo impensável que um ente, por si só, responda pela própria passagem de potência para o status de ato. Impossível porque, deveria agir antes de ser. Por isso, salta à vista que toda mudança exige a presença de uma causa. Isso vale para o mundo fenomenal como vale para o mundo metafísico.

Concluindo. A causalidade é um puro inteligível. Só o intelecto consegue vê-la, captar e entender. É um ente de razão com base ontológica.

10. A noção de causa eficiente

10.1. Preliminares: Como já foi, sobejamente, observado, desponta da experiência de movimento. A mutação, que afeta todos os entes finitos, postula uma justificativa racional. Apontam-se, então, as razões internas ou os tais de princípios em sentido estrito também denominados causas em sentido largo que explicam a estrutura ôntica de onde procede qualquer movimento. Em síntese, sabemos que a mutação resulta do fato da composição que afeta todo ente finito.

Eles contêm duas dimensões integradas, a saber, a de ato e a de potência. Enquanto ato ou perfeição realizada o ser designa o que é e enquanto potência significa o que ainda não é, mas poderá vir a ser.-

Tudo isso, no entanto, pertence à estrutura interna dos seres. Quando se fala de causa, a atenção está voltada mais para aquelas razões externas que atuam sobre a potencialidade. De fato, salta à vista a conexão entre movimento e a fonte de onde procede. Eis que, então, a mudança no estado de ser evoca, necessariamente, a ideia de causa eficiente.

Perante o fenômeno do movimento, a mente é provocada a questionar porque tal fenômeno ocorre. Ao dar a resposta, advém o conceito de causa. Assim sendo, com a maior naturalidade, a mente humana relaciona mutação e causalidade como dois fenômenos, intimamente, conexos, necessários e objetivos.

10.2. Semelhante constatação espontânea e ineludível já é suficiente para descartar a teoria do psicologismo aventada pelo filósofo escocês, David Hume. Para explicar a causalidade ele arquitetou a explicação do tal de hábito subjetiva que cria nexos, onde apenas há mera sucessão de fatos díspares. Hume foi engenhoso, mas primou pela fantasia alucinada. Desta feita basta para replicar ao seu psicologismo que, negada a conexão de causa e de efeito, desmorona-se um dos princípios básicos da racionalidade e toda estrutura pensante não passaria de um moinho de vento assentado em banco de areia.

11. A estrutura da causalidade eficiente

A causalidade eficiente é o próprio agir pelo qual, formalmente, o ente torna-se agente ou operante em ato. Isso se prova assim. A causa é, formalmente, causante ou operativa enquanto infunde ou transmite o ser ao efeito. Vale dizer. Causa nada mais é do que agir, operar ou atuar enquanto operante. Logo, causa eficiente é, formalmente, causante enquanto age, opera ou exerce a sua ação. Aliás, Tomás de Aquino esclarece: *É da natureza de qualquer ato comunicar-se a si mesmo quanto possível. Daí que, cada agente opera conforme a perfeição que possui, isto é, enquanto está em ato. Agir nada mais é do que transmitir aquilo pelo qual o agente está possuído, segundo a sua possibilidade* (De Pot. q.2, 1.c).

Ocorre, a propósito, esse outro texto do gênio da filosofia cristã: *O ente age porque existe e enquanto existe. O agir segue o ser e o modo de operar segue o modo de existir* (Summa Theologia I. q.89, al). Daí, o axioma: *Agere sequitur esse*.

12. Os componentes da causalidade eficiente

Os elementos, a seguir discriminados, valem para qualquer tipo de causa eficiente: finita ou infinita, material ou imaterial. Isso porque o conceito de causa é análogo.

12.1 A causa eficiente comporta-se qual suposto. É uma substância completa e singular. O agir segue o ser. O agir compete a quem já é. Ora, quem é, é o supósito ou sujeito de atribuição. Daí o adágio: *Actiones sunt suppositorum*, isto é, as ações são atribuídas ao supósito. O mais é tudo aquilo com que o sujeito ou supósito age ou opera. Assim, não é a mão que fere e, sim, o sujeito que dela é dono. As ações são sempre atribuídas ao agente ou sujeito que responde por elas.

12.2 A causa eficiente deve estar em ato quanto à força causante. Ela precisa possuir a perfeição em cuja linha de produção vai operar. Pois, ninguém dá o que não tem.

12.3 A causa eficiente, formalmente como tal, não muda nem altera-se enquanto age. Caso contrário, seria, ao mesmo tempo, causa e efeito. Daí porque se diz: *causa agendo non mutatur*: a causa, no agir, não muda de natureza. Ela não muda enquanto e quando age. Ela, porém, pode sofrer mudança antes e assim adquirir energia para operar. Pode também desgastar-se, após agir. Todavia, atua no nível em que é. Formalmente como causa operante, o agente não muda. Isso designa o axioma: *actio est in passo*: "a ação está no recipiente".

12.4 A causa eficiente e o sujeito paciente ou recepiente (*actio et passus*) são ainda distintos quanto à energia ou forma de atividade. Há, com efeito, diferença de forma entre causa e efeito. Um corpo quente não age sobre outro corpo igualmente quente. Por isso o axioma edita que *agens non agit in jam sibi simili*, isto é: o agente não opera sobre aquilo que já é igual a ele. Ação causal pressupõe dessemelhança. Um corpo quente tende a tornar quente um outro corpo ainda frio. Assim, a receptividade potencial do sujeito passivo ocorre na medida que for carente de perfeição.

12.5 A causa eficiente deve ser adequada ou proporcionada ao efeito. Deve ter energia suficiente para produzir aquele tipo de perfeição nova. Se a causa for ineficiente para produzir aquele tipo de efeito, ela não opera.

12.6 A causa eficiente é sempre superior ou igual ao efeito. O efeito não pode ter mais do que a causa que o produziu. A causa é tanto mais superior ao efeito quanto menos energia desgasta a fim de o produzir.

13. A natureza da causa determinante

É por força de absoluta necessidade que o ser contingente está fundado e fundamentado no ser do qual extrai a sua razão externa de determinação existencial. Se ocorresse hipótese de algum contingente não ser causado, então haveria dicotomia e dualidade ôntica entre o ser contingente e o ser como tal. Em assim acontecendo, o mesmo ser coexistiria com o mesmo não ser. Portanto, o ser como tal, isto é, na sua dimensão de universalidade e de transcendência, só é o que é enquanto todo ente tenha nele sua raiz de sorte que não é pensável ente algum existente fora do conceito universal e análogo de ser.

Todavia, nem toda dimensão de ser, necessariamente é contingente nem postula causa determinante. O ser como tal possui uma refração de absoluta necessidade. Ele comporta uma abrangência ôntica que se determina por si e que por isso denomina-se *Esse subsistens*, isto é, "Ser Subsistente".

Daí decorre uma conclusão de grande valia para o clima de espiritualidade religiosa no ser humano. O ser contingente está conectado com o Ser Subsistente por vínculo imediato de causalidade. Trata-se de nexo de primária anterioridade. Apenas, num segundo momento ou plano, o ser contingente vincula-se a outro ser contingente de onde recebe o influxo causal. Isso porque a causa segunda é sempre ativada e conduzida pela causa primária. Aquela depende desta.

Embora os fatos demonstrem que as causas atuantes sejam entes contingentes, não seja esquecido que todas as causas segundas operam enquanto determinadas pela causa primária. As causas segundas só produzem seus efeitos pela influência recebida da causa anterior e por isso em dependência da causa primeira. Portanto, também no plano da natureza, todo ser finito age e opera porque em conexão causal com o ser infinito ou Deus. Tomás de Aquino diz que *as criaturas precisam de Deus a fim de se manterem no ser de sua essência e de sua existência*: Indigent a Deo conservari in esse (*Summa Theologica*, aqui p. 104, art 1).

14. A razão formal da causalidade em série essencialmente concatenada consiste na dependência em relação à causa anterior

Na série concatenada ou subordinada de causas, onde uma só pode agir depois de ter recebido o influxo de causa anterior, a presença atual do fluxo da causa antecedente é que sustenta a causalidade do agente posterior.

Dentro da série de causas coordenadas entre elas (*per se*), o ser de cada uma só existe e só opera desde que se depare com outra causa cujo influxo atual lhe transmite, formalmente, o ser e, o conservar-se existindo e a eficiência no agir.

Assim, cada causa intermediária na série conexa ou coordenada tem a sua razão formal de causa enquanto é, estritamente, dependente de alguma causa anterior. Eis porque o príncipe dos filósofos cristãos do século XX, Jacques Maritain (in o.c., p. 36) explica: *Sendo impossível que uma coisa torne-se causa eficiente de si mesma (pois, então, precederia a própria existência), as causas eficientes acham-se em conexão de complementaridade ou, sob os modos mais variados possíveis, condicionam-se, causam-se umas as outras. Essa interdependência entre as causas estende-se em todas as direções.*

Com efeito, toda e qualquer causa finita é sempre imperfeita e incompleta. A causa finita postula a cooperação de outras causas a fim de poder agir. Eis porque toda causa finita está, inevitavelmente, subordinada e conexa com outras causas. A causa finita revela-se como limitação e dependência.

Por isso Igino Giordani (o.c. pág. 76), explica: *Numa série de causas eficientes que se encadeiam, não se pode ir de uma a outra, indefinidamente, sem alongar ou sem adiar a explicação e sem perder-se num turbilhão caótico e atormentador. Para explicar, logicamente, a ordem delas é preciso admitir uma Primeira Causa adequada para agir por si mesma. Não há outra solução.*

15. Causalidade "per se" e subordinação de causas "per se"

15.1. Importa ter presente tanto os fenômenos da causalidade propriamente dita (*causalitas per se*) como da subordinação (*per se*) entre causas. Causalidade diz nexo ou relação entre um antecedente que é causa e um consequente que é efeito. A subordinação entre causas estabelece uma relação direta e imediata entre uma anterior e outra posterior ou consequente. Entre o agente, causa principal, que escreve um texto e a caneta, causa instrumental com que o agente produz, graficamente, o texto, aí, existe uma relação de dependência entre causas. Trata-se de subordinação causal, propriamente, dita (*per se*) entre o agente (escritor) e a caneta (instrumento).

15.2. As causas conexas e subordinadas entre elas revelam a mesma dependência que se constata entra a causa e o efeito. Muito a propósito, explica Leonel Franca (o.c., p. 72): *É a inteligência quem nos dá a ideia de causa. Os sentidos referem apenas os fenô-*

menos que se sucedem, mas a inteligência vê nesta solidariedade dos fenômenos uma relação de interdependência. O fenômeno consequente que não pode surgir do nada, não teria sua razão de ser, se não dependesse na sua existência de um ou de vários dos seus antecedentes.
Seja o exemplo da usina hidroelétrica. A lâmpada acesa depende da corrente que transita pelos fios condutores; esta depende da central de transmissão; esta da água dos rios; o rio, das chuvas; as chuvas dos elementos atmosféricos; estes, do sol. Essas causas estão ligadas entre elas de sorte que qualquer interrupção no elo anula o efeito final. Nenhuma das causas intermediárias e conexas tem por si a virtude de operar sem antes ter recebido o influxo da fonte anterior. Aqui, a dependência é essencial porque, se alguma deixa de exercer na ação, o efeito não se produz.

15.3. Dessas causas subordinadas essencialmente trata o argumento da segunda via. Assim a relação entre o pintor, a mão, o pincel e a pintura. A primeira, pintor, produz o efeito, o quadro, mediante a mão, o pincel, etc. É desse tipo de causa que não se pode apelar para uma sequência infinita.

15.4. Quando existe causa subordinada, mas não necessária, que, atualmente influencia na produção do efeito, então falamos de subordinação acidental. Assim o pai do pintor figura como elemento ocidental naquele nexo entre pintor e quadro. Merece ainda observado. A causa original pode até ter cessado, mas o influxo-efeito continua e persiste incorporado em outro fenômeno derivado. As torrentes do rio que acionam a turbina incorporam os efeitos da causa-chuvas que já deixaram de cair. Isso, porém, acontece com os fenômenos naturais em que a causa transmite algo de concreto para o efeito. É a causalidade por *emanação*. Mas, no plano metafísico, a causalidade nada repassa de material para o efeito. A sua função consiste em ativar a potencialidade no sujeito que a recebe. O sinete, que marca a cera, nada deixa de si na cera marcada. A cera recebe a impressão do sinete porque este atua sobre sua capacidade receptiva. Assim, a cera marcada participa da virtude causativa do agente que a sinala. Caso a cera não tivesse tal potencialidade receptiva, a ação da causa ficaria frustrada. Eis porque a ação causativa depende do sujeito passivo ou receptivo. Daí, o axioma: *actio est in passo*, ou seja, "a ação está no paciente".

16. O influxo atual da causa precedente

Cada uma das causas intermediárias de uma sequência causativa quer sejam muitas quer poucas, sendo elas, necessárias e essencialmente dependentes uma das outras, cada uma no seu aspecto formal, isto é, enquanto é e enquanto age como causa, tem que receber o influxo atual da causa precedente.

Esse influxo procede, no princípio, de uma primeira causa que há de possuir por si e em si a virtude de comunicá-lo às demais causas dependentes e intermediárias.

Cessasse de alguma forma aquele influxo atual e atuante, a ação das demais causas desvaneceriam no nada.

O efeito derradeiro de uma série conexa depende de todas as causas que o precedem. Por isso mesmo também da primeira causa.

Mais uma vez a explanação abalizada de Jacques Maritain reforça nosso modo de explicar: *É claro que, finalmente, de tal causa primeira dependem, a cada instante, (pois ela é a razão suprema de todo o resto) não somente o ser, mas a ação de todas as outras causas ou a própria causalidade que elas exercem. Se, pois, considerarmos a relação entre não importa que causa eficiente e a causa primeira, vemos que em nenhum instante, essa causa eficiente agirá, se, naquele mesmo instante, não for ativada pela causa primeira. Toda relação de sequência no tempo, no exercício da causalidade, é, aqui, eliminado. A causalidade da causa primeira abrange e domina sem exceção todo sucessão no tempo. É ela, a cada instante, a suprema razão de ser do exercício da causalidade de todos os agentes que agem no mundo, nesse mesmo instante* (o.c., p. 38).

Capítulo - III
APLICAÇÃO DO PRINCÍPIO DA CAUSALIDADE

Os fatos que constituem a corrente de causas interdependentes tornam-se, igualmente, compreensíveis pelo princípio da causalidade. Eis porque Tomás de Aquino formula a segunda via do modo seguinte. Tudo o que é causado é causado por outro. Pois, nenhuma causa pode ser causa de si mesma. De fato, o que é causado, é causado enquanto está em potência para existir. O que é causa, ao invés, já está em ato de existência. Ora, não é possível que uma e mesma coisa esteja, simultaneamente, em potência e em ato, sob o mesmo aspecto. Logo, tudo o que é causado é causado por outro, já que não é causado por si mesmo porquanto isso implicaria agir antes de existir.

Portanto, tudo que começa a existir tem uma causa. Por isso também todo ser contingente tem sua causa.

1. Prova da existência de Deus em base ao princípio da causalidade eficiente

1.1.- Argumento

Premissa maior: Consta da experiência diária que, no mundo, há múltiplas ordens e espécies de causas coordenadas e subordinadas entre elas.

Premissa menor: Ora, onde existe coordenação e subordinação causal, aí, estão implicadas, necessariamente, potência e parcialidade. Essa precariedade só aumentaria no processo de remonte ao infinito.

Conclusão

Portanto, é necessário chegar à Causa Primeira da qual toda causa subordinada depende. Tal causa primeira denominamos com a palavra Deus.

1.2. Explicação da premissa maior

É visível a existência de nexo entre causas. Salta à vista que as atividades causativas estão conectadas entre elas nos modos mais variados e complexos. Aliás, as causas finitas só operam enquanto conexas e coordenadas.

1.3. Premissa menor

As causas que operam em conexão e subordinadamente revelam, de imediato, sua precariedade, sua potencialidade, sua limitação e imperfeição. Isso já leva a invocar a presença de alguma causa que seja total, perfeita e máxima.
Aliás, a imperfeição e a parcialidade operativa da causa, ao obrigar o recurso à complementaridade de outra causa a fim de poder agir, já está a postular a existência de alguma outra causa total ou plena do mesmo modo como a parte implica a ideia de totalidade.
De nada também adianta apelar para um processo de remonte até o infinito. O problema continua.

1.4. Explicação da segunda menor

Proceder até o infinito, ao invés, de explicar, só aumenta a cobrança de justificação. Se cada uma das causas parciais já postula explicação por parte de outra causa total, então o conjunto de causas parciais apenas aumenta a necessidade de justificativa que seja plena, cabal e definitiva.

1.5. Concluindo

A razão suficiente e plausível para a mente entender um complexo de causas coordenadas e subordinadas entre elas, só poderá residir no fato de alguma causa situada fora e acima de toda coordenação e subordinação de causas finitas. É bem tal causa superior e suprema que se chama Deus.

2. A impossibilidade de remonte até o infinito
2.1. Introdução

Em se tratando de série de causas, atualmente, subordinadas, não há como apelar para uma sequência infinita. Na série infinita, cada causa é sempre um elo intermediário do conjunto. Em tal hipótese, uma causa intermediaria transmite seu influxo ou moção que não teria tido origem, dado não se poder percorrer uma distância infinita. A energia elétrica que saísse de um gerador situado no infinito das origens jamais chegaria, hoje, até nós. Isso equivale a dizer: Colocar no infinito remoto uma origem é afirmar que tal origem não existe para o presente.

Uma série causal que dependesse de um passado infinito seria sem razão de inteligibilidade.

Eis porque a série de causas interdependentes é por essência finita e condicionada, já que nenhuma das causas é causa de si ou autônoma. Essa subordinação intrínseca está a proclamar que sem uma Primeira Causa também não haveria a causa segunda.

Tecnicamente, um processo até o infinito de causas ordenadas entre elas (*processum in infinitum in causis ordinatis per se*) é inadmissível. Em abono desta assertiva seja aquele lance de Jacques Maritain: *Não é possível, contudo, ir ao infinito, de causa em causa. Sejam quais forem as constelações de causas que se possam considerar à parte na interação universal, por mais e mais que se alarguem os campos. Se não existisse, além, de tudo isso, uma primeira causa da qual todas as demais dependessem, todas essas outras causas, não sendo causadas no ser nem no agir, simplesmente não teriam realidade. É necessário, pois reconhecer a existência de uma primeira causa incausada, que existe, imutavelmente, por ela mesma, além de todas as causas particulares e de todas as suas conexões* (o.c., p. 37).

2.2. Argumento

Premissa maior: Tudo que existe ou existe por si mesmo ou é produzido por outro.
Premissa menor: Ora, não é possível que tudo tenha sido produzido por outrem.
Conclusão: Logo, é necessário que exista algum ente não produzido por outrem.

Prova da premissa maior: Ela é evidente. Sua verdade prima pela clareza lógica. Pois, de duas alternativas contraditórias, apenas uma pode ser verdadeira.

Prova da premissa menor: Aquele outro pelo qual foi produzido também é produzido ou por outrem ou não. Se não, então, existe um ser não produzido por outro. Isso é o objetivo da prova.

Se, porém, ele também é produzido, necessário, então, que tenha sido produzido por outro. Desse outro também questiona-se o mesmo e assim por diante.

Portanto, ou depara-se com um ser não produzido por ninguém ou prossegue-se o infinito dessa busca ou admite-se a exequibilidade de produção circular.

Ora, não é exequível ir até o infinito nem a produção circular é aceitável. Logo, é necessário admitir a existência de um ente não produzido.

Eis que, agora, a demonstração tem que elucidar a respeito da repugnância lógica em serem admitidos a produção circular e o apelo ao infinito.

Repugna a produção circular: Esta implicaria que "A" produz "B" e B produz "C" e "C", "D" até "X", que produziria "A". Ora, tal hipótese é absurda. Pois, "A" deveria, ao mesmo tempo e sob o mesmo aspecto, existir e não existir. Existir porque produz "B" e não existir porque seria ainda produzido por "X" que também ainda não existe.

Repugna o processo de apelação até o infinito: O procedimento iria buscar um ente não produzido por outrem, mas sem chegar a um termo derradeiro. Isso repugna à razão. Suponhamos a série infinita de seres produzidos. Tal série ou é de coisas produzidas ou não por outro. Ora, não pode ser de coisa não produzida porquanto cada um dos elos da série foi produzido. Logo, trata-se de série produzida. E, de novo, ou produzido por ente não produzido por outro ou por ente produzido. Se não produzido, a tese está provada. Pois, então, existe o tal de ente não feito, a cavaleiro dos entes feito.

Se produzido por outro, então esse outro carece de justificação, já que ele não se explica a contento.

Eis porque o raciocínio que concatena os elos da série em sequência infinita, apenas procrastina a resposta, já que não passa de um jogo dialético de apelação ou de empurra.

3. Ulterior elucidação da diferença entre série de causas heterogêneas e série de causas homogêneas

As coisas de fato existentes todas elas dependem de causas eficientes e atuais, seja para manter o seu ser substancial (manter na existência aquele tipo de planta ou de animal), seja para realizar seus modos próprios de ser. As causas de que na atualidade o ser substancial depende denominam-se causas essenciais e atuais. As causas, que ensejam os modos de ser do ente substancial, denominam-se acidentais.

Assim, as causas essenciais, que sustentam o ser da planta, são energias orgânicas tiradas do solo. As causas acidentais são, por exemplo, as condições climáticas.

Por via de regra, todas essas causas eficientes, relacionadas com algum ser, constituem uma ordem na mente e formam uma disposição hierárquica. No conjunto, tais causas concorrem seja na sustentação do ser seja no seu modo de agir. Mas, elas se diferenciam e são por isso heterogêneas. O alimento é de natureza diversa do ar e da luz. No entanto, um elemento e outro são, atualmente, necessários para sustentar em vida e em ação um ser vivo.

Em se tratando de uma série infinita das causas do ser, que são de natureza diferente ou heterogênea; que estão entre elas coordenadas hierarquicamente; que dependem uma das outras no mesmo exercício de causalidade, então, é impossível aceitar que exista uma tal série infinita de causas. Para que a planta, agora, esteja viva, ela depende dos raios solares e das energias do solo atuantes, agora, sem depender de outras fontes que remontariam ao infinito. Com efeito, se uma série vertical de causas eficientes fosse infinita, a sua causalidade nunca estaria apta para atuar e exercer seu influxo, agora.

Porém, em se tratando de causas relacionadas com o devir ou vir a ser das coisas, é, perfeitamente, aceitável a existência de uma causalidade em série infinita. Também porque as causas relacionadas com vir a ser são elas da mesma natureza e homogêneas. Por isso, no primeiro argumento, que estuda o movimento, tem sentido enfocar a possibilidade acadêmica e teórica de um mundo sem começo. Todavia, mesmo em tal hipótese, há que se apelar para um princípio supremo, fonte da causalidade da série inteira. Aliás, muito a propósito, Tomás de Aquino demonstra que uma série de causas unívocas ou homogêneas como, p. ex., as plantas que procedem de outras plantas por geração, só tem explicação causal em algum ser que seja de natureza diversa. Pois, não é concebível que uma planta seja o sustentáculo do ser substancial de todas as plantas da mesma espécie. Caso assim fosse, a planta se sustentar-se-ia a si mesma no ser, sendo, então, a causa de si. (*Summa Theologica*, I, 104, 1). Ora, assim como nada provém do nada também nada é causa de si mesmo.

Sirva-nos a competência de Leonel Franca para um esclarecimento definitivo a respeito da natureza íntima da causalidade. Eis quanto elucida o eminente jesuíta brasileiro, fulgor da intelectualidade do clero no meado do século findo:

Podemos dar ainda ao mesmo princípio outra fórmula mais compreensiva. A que acabamos de examinar, e que se encontra também em Kant, restringe o princípio às existências temporais ou às que começam a existir. Ora, o começar a existir, a "novitas essendi" de Suárez, se é para nós um indício ou sinal evidente de causação, não é, porém, o que a constitui formalmente. A dependência no ser de um princípio extrínseco, eis o que é essencial à ação causativa, e esta dependência não é função do tempo, mas, corolário da natureza mesma de todo ser contingente, isto é, de todo ser que não envolve a existência na própria essência, que existe, podendo não existir, que não existe por si mesmo. Diremos, então, com enunciado mais amplo: todo ser que não existe por si mesmo, tem uma causa ou todo ser contingente, se existe, é causado. O caráter analítico desta fórmula salta aos olhos. É só analisar-lhe os termos para ver a conveniência necessária. O ser que existe sem ter em si mesmo a causa da própria existência não teria razão explicável, seria ininteligível. O princípio de que depende um ser no seu existir é precisamente o que chamamos causa. (*O problema de Deus*. Edit. Agir, p. 139, 140).

4. O valor desta prova: necessidade indeclinável de um começo absoluto

O raciocínio conduz, necessariamente, ao encontro de uma Primeira Causa atual e atuante. Isso decorre do fato que todas as realidades contingentes e finitas manifestam-se dependentes de influxos cuja atualidade perfaz o núcleo essencial delas como partes de uma grande série interdependente.

Portanto, não se chega a uma Causa Primeira que teria dado o impulso inicial e, depois, cruzados os braços, entrado em repouso eterno. Nada disso. As causas intermediárias bem como a derradeira da série não existiriam nem poderiam permanecer no ser por força própria sem a ação, igualmente, atual, da fonte primária e, fundamentalmente, originária.

A Causa Primeira está presente em todo ser, em todo processo de ser, não só no começo, mas ao longo da existência e da atividade de cada causa. Ela atua como causa suprema do ser finito na sua totalidade e em cada elo de causas singularmente tomadas.

Portanto, se a primeira prova conclui pela existência do Motor Imóvel, esta segunda prova revela a causa eficiente e primeira de toda a realidade. Por isso, Deus, aqui, é visto como plenitude do ser subsistente em si e por si mesmo. È o "Ens a Se". Por tal razão ele é a fonte permanente de onde emana a atualidade dos seres, isto é, dos entes finitos.

5. A causalidade eficiente primeira e a conservação do ser

Tomás de Aquino confere à prova um desenvolvimento ulterior, quando relaciona este raciocínio com o fato que as criaturas *precisam de Deus para se manterem no ser: indigent a Deo conservari in esse* (q. 104, art. 1)

A fim de se conservarem em nível de ser, as coisas dependem de duas ordens causais: a primeira (Causa Prima) e as secundárias. Estas últimas são as intermediárias que agem na natureza e através dela.

Explica Tomás de Aquino: *Como o devir das coisas não pode acontecer, se vier a cessar a ação do agente que é causa do efeito resultante do vir a ser, assim também o ser das coisas não pode permanecer se cessar a ação do agente que é causa não só do efeito na ordem de devir, mas ainda do ser como tal.*

Deus, assim, age, no momento presente do agir de todas as séries causais, a fim de conservar o ser tanto delas como de seus efeitos. Verdade é que Deus opera, valendo-se das causas segundas para a conservação dos seres. Além disso, Ele lhes confere uma atividade instrumental em relação a sua própria atividade, que é a principal. Por isso Tomás de Aquino acrescenta: *Quando são muitas as causas ordenadas, é necessário que o efeito dependa, primária e principalmente, da Causa Primeira e só, secundariamente, de todas as causas intermediárias.*

Bem porque a causalidade principal de Deus não sofre as consequências nem das causas secundárias nem dos seus efeitos é que ela se revela como realidade *transcendental*.

6. A segunda via em face da ciência na atualidade

Seja recordado que, nas ciências, o conceito de causa enfoca apenas o nexo constante entre um antecedente e outro consequente. Na filosofia clássica de Aristóteles, de Tomás de Aquino e de Maritain, causa significa muito mais. É participação do efeito na estrutura ôntica de causa.

Portanto, a concepção filosófica é mais profunda. A ciência prima pela superficialidade. Apesar disso, entre ambas não há conflito que valha.

Em razão disso, declara Battista Mondim: *Por esse motivo, a Segunda via não espera nem pode operar aprovação ou condenação por parte dos físicos. Assim, não acho pertinentes os argumentos com que E. Le Roy e A. Kenny pretenderam demonstrar a incompatibilidade da Segunda Via com a física moderna* (in *Quem é Deus*, p.235).

Capítulo IV
SÍNTESES DA PROVA PELA SEGUNDA VIA

1. Segundo o Cardeal Paolo Dezza: *As causas existentes no mundo são dependentes de outras causas. Portanto, não são a causa primeira e incausada, mas exigem-na, já que não podem existir apenas causas causadas sem uma causa primeira do ser incausado que é o ser subsistente em si. Isto é Deus* (Filosofia, p. 172).

2. Segundo Igino Giordani: *Do que foi causado podemos remontar ao que é causa. Subindo de causa a causa, ao longo de uma cadeia ininterrupta, chegamos a uma causa primeira, isto é, um Primeiro Eficiente não causado, mas causador, aquele a quem se dá o nome de Deus. Logo, Deus existe* (Deus, p. 76).

3. Segundo João Ameal: *Pelo espetáculo que nos dá o mundo sensível, verificamos que existe uma ordem entre as causas eficientes. Encadeiam-se de forma rigorosa, cada uma em dependência da anterior e com a posterior sob a sua dependência. Duas impossibilidades aparecem logo:*

a) Que uma causa seja eficiente de si própria, pois, teria de ser antes de ser, de preceder-se, o que é absurdo.

b) Que, na série de causas eficientes, haja remonte ao infinito, pois, como vimos, as causas condicionam-se umas às outras. A primeira está na origem das intermediárias e a última intermediária na origem do termo final. Tanto faz, se as intermediárias sejam muitas ou poucas. Sem a originária não se produziriam e, logicamente, não haveria nenhum dos mil efeitos que registramos. As causas intermediários são, por sua vez, efeitos da causa originária. Nunca admitiríamos efeito sem causa, de acordo com o principio básico da causalidade. Logo, existe uma Primeira causa eficiente e incausada: Deus (p. 261, Tomás de Aquino).

4. Segundo Jacques Maritain: *Voltemo-nos, agora, não mais para efeito universalmente aberto à nossa observação a saber, a mudança, mas às causas e para as conexões entre as causas. É uma realidade e uma realidade também completamente notório que há causas eficientes em jogo no mundo; e que essas causas acham-se ligadas umas às outras ou constituem séries nas quais umas são subordinadas às outras. Os exemplos, num raciocínio filosófico, têm sempre um toque de vulgaridade, mas nem por isso podemos prescindir deles. Numa oficina de brochura, brocha-se um livro porque os tipógrafos previamente o compuseram e porque o organizador preparou o manuscrito para passá-lo a eles. Também porque o autor escreveu o manuscrito... Assim, sendo impossível que uma coisa seja causa eficiente de si mesma... as causas eficientes acham-se em conexão de complementaridade... causam-se umas às outras. Não é possível, contudo, ir ao infinito, de causa em causa. Sejam quais forem as constelações de causas... que por mais e mais se alargam os campos. Se não existisse além de tudo aquilo uma primeira causa da qual todas as demais dependessem, todas essas outras coisas, não sendo causadas no ser nem no agir, simplesmente não teriam realidades. É necessário, pois, reconhecer a existência de uma primeira causa incausada que existe imutavelmente por si mesma, além de todos os causas particulares e de todas as suas conexões* (Caminhos para Deus, p. 36-7).

5. Segundo Battista Mondim: *Os Passos fundamentais da Segunda Via são os seguintes: 1) A indicação do fenômeno de partida: a causalidade eficiente ("secunda via est ex ratione causae efficientis"); 2) A indicação da contingência das causas eficientes subordinadas e a exigência de uma coisa que seja causa eficiente primeira e principal, "porque é impossível que uma coisa seja causa eficiente de si mesma; 3) A evocação do princípio que diz que processo "ad infinitum" nas causas eficientes é absurdo; 4) A conclusão: Portanto, é preciso admitir uma causa eficiente primeira, a que todos damos o nome de Deus. Diferente da Primeira Via, onde a contingência do fenômeno do movimento não é dada como adquirida, tendo de ser demonstrada mediante o princípio de causalidade (quidquid moventur ab alio movetur), na Segunda Via a contingência já é focalizada logo de saída; pois, dizer que uma causa é subordinada e dizer que sozinha é inadequada à realização de um determinado fenômeno, sem o concurso de outra causa particular, é a mesma coisa. Por isso, na segunda Via, Tomás de Aquino não gasta palavras para evidenciar a contingência do fenômeno assumido como ponto de partida para a ascensão a Deus. Ele se preocupa apenas em justificar o segundo princípio: a impossibilidade de um regresso "ad infinitum" na ordem das causas segundas, subordinadas, instrumentais.*

A justificativa é simples: *Se se pretende encontrar a explicação numa séria infinita de causa segundas, ao invés de uma explicação efetiva obtém-se apenas um colossal edifício de causas inadequadas, pois, em todas as causas eficientes subordinadas a primeira é causa da intermediária e a intermediária é causa da última, não importando se a intermediária seja uma só ou vários, ora, eliminada a causa (move-se) remove-se também o efeito: se, pois, na ordem das causas eficientes não houvesse uma primeira causa, não haveria também a última nem a intermediária; mas, proceder "ad infinitum" nas causas eficientes equivale a eliminar a primeira causa eficiente. Assim não teríamos nem o efeito último nem as causas intermediárias, o que é evidentemente falso.*

Como notam todos os comentadores de Tomás de Aquino, neste ponto, com esse raciocínio, ele não pretende excluir – na linha de princípio – uma série infinita (ou melhor "indefinida") na ordem cronológica de causas segundas ou instrumentais – dado que do ponto de vista filosófico o Aquinate não descarta a hipótese de uma existência do mundo desde sempre: "creatio ab aeterno". O que ele exclui é que uma série infinita de causas segundas baste, por si só, para satisfazer a condição que se procura para dar consistência à contingência das causas segundas. (Quem é Deus?, p. 234).

Capítulo V
AS OBJEÇÕES

1. Objeção: Causa primeira ainda não é única e absolutamente soberana

A prova pela causalidade eficiente procede e prospera enquanto demonstra a necessidade de que, no princípio da série das causas coordenadas entre elas e subordinadas, haja certa relação com alguma causa anterior. Contudo, não se chega à existência de uma Causa única e Primeira para todas as séries.

Resposta:

Já foi visto, na primeira via, que a Causa Primeira e Incausada é uma realidade com natureza essencialmente diversa das causas causadas. Para explicar a causalidade criada deve-se sair fora da ordem das mesmas e passar para outra ordem de causas não finitas, já que ela deve ter em si o que as causas contingentes e finitas não possuem. Noutras palavras, a linha da inteligibilidade do ser da causa é vertical, mas não é apenas de outro grau, heterogênea apenas. È muito mais. Ela transcende as demais causas porque é de natureza essencialmente diversa. Por isso também ao falar de Deus como causa, o termo causa é tomado em acepção análoga e não equívoca nem unívoca. Através da segunda via, nosso conhecimento de Deus fica acrescido. Deus, além de ser a causa primeira de todas as coisas, é ainda um Ente com existência tão real e atual quanto real e atual é a existência de tudo quanto subsiste graças a sua imobilidade. Assim, Ele não só é fonte primordial, mas o influxo presente em cada exercício causal. Ainda mais. A causa que explica qualquer série de causas coordenadas é algo mais do que simplesmente primeira. Ela é a superprimeira. Ela é a primeira para toda e qualquer série de causas. Enfim, sua soberania é total e absoluta.

2. Objeção: Na linha do tempo é concebível uma série sem começo nem fim

Quando Aristóteles e S. Tomás de Aquino afirmam o princípio segundo o qual não se pode ir até o infinito na série de causas, eles se esquecem que não há nada de contraditório em pensar uma sucessão sem começo nem fim.

Resposta:

1. O mencionado princípio não se refere à questão do tempo. É até aceitável a ideia de uma serie causal sem começo nem fim na qual, horizontalmente, as causas de igual nível, seriam, sucessivamente, explicativas umas das outras.
2. O núcleo do raciocínio não se detém na questão do tempo e, sim, no problema de ser. Não está em apreço saber, se existe uma primeira causa no linha do tempo e, sim, no plano de ser, na inteligibilidade do nexo causal. Aliás, a inteligibilidade das coisas faz abstração do seu caráter temporal. O inteligível é atemporal.
3. Vale dizer. Mesmo que o mundo tivesse existido desde todo

o sempre, ele seria causado desde todo o sempre. Enquanto ser e ação o mundo depende da Causa Primeira. Desde sempre, portanto, ele é produzido por uma Causa Primeira e Suprema.

3. Objeção: Tudo se explica apenas pela mútua causalidade

Nada impede nem repugna, logicamente, a existência de causalidade mútua entre duas realidades. Logo, os seres feitos (*entia facta*) podem ser causa entre eles da própria existência. Isso dispensa o recurso à supercausa.

Resposta:

1. Concordamos, quando se trata de causalidade em nível ou gênero diverso. Negamos, quando se trata de causalidade no mesmo nível ou gênero.

2. Há, com efeito, uma causalidade conexa e mútua entre a causa eficiente e final como há entre as causas material e formal. O fim exerce sua causalidade sobre a causa eficiente e a causa eficiente sobre a final, mas em planos diferentes. O fim como intencionalidade (*ut cognitus et intentus*) move a causa eficiente que agindo, produz aquilo que era intencionado e realiza o fim. Assim, o fim é primeiro no plano intencional e último no plano executivo.

O mesmo vale para as causas material e formal. *A forma atua sobre a matéria na medida em que esta a recebe. Já ficou, porém, bem claro que a prioridade da causa eficiente, no plano ou na ordem da existência, revela que as causas mútuas são recíprocas só em gênero diverso de causalidade, ou seja, em planos diversificados. Note-se que tal exigência de diversidade de plano é mais visível, quando se trata da causa eficiente e menos perceptível, quando se considera a reciprocidade entre as causa material e formal* (S.T., V. Metaph., Lect. 21).

3. Em se tratando de causalidade no mesmo gênero, advém a necessidade de justificar o começo primordial de sua capacidade operativa. Então, emerge a presença de uma causa primeira e única.

4. Objeção: A insuficiência de uma causa isolada pode ser suprida pelo conjunto que complementa a fraqueza parcial

Podemos admitir que a série infinita de entes produzidos por outro não pode ser, no seu conjunto, uma série não produzida ou não feita. Mas, bem poderia ocorrer que a insuficiência de cada elo não se transmitisse para a série como totalidade. Assim, por exemplo, cada fibra de uma corda é fraca para sustentar determinado peso, mas a soma das fibras torna a corda resistente. O conjunto supera a fraqueza de cada uma das partes. Assim, um soldado não faz o exército que vence o inimigo, mas, a soma dos soldados faz um exército.

Resposta:

Cabe, aqui, distinguir. Primeiro, o conjunto feito de partes com insuficiência singular por razão acidental. Aí, a fraqueza está só na parte separada do conjunto e não na totalidade das partes. É o caso do soldado individual e do exército. O soldado isolado não tem a força do exército, mas o exército como ente coletivo vale enquanto valem suas partes, É a soma dos valores parciais.

Oura coisa bem diversa é o conjunto composto de partes *essencialmente* insuficientes para produzirem o resultado previsto. Aqui, cada parte não soma nem concorre para explicar a eficiência da totalidade. A insuficiência das partes é a mesma do conjunto. Uma soma de cegos não faz um vidente. Uma multidão de imbecis não produz um sábio.

A série de partes, que, por si, são insuficiente para explicarem própria existência, compõe um conjunto igualmente insuficientes para justificar a existência da totalidade. Quando as partes são essencialmente precárias, a totalidade das mesmas será essencialmente precária.

Portanto, numa série ou conjunto de efeitos com insuficiência essencial, há de existir o influxo exterior de alguma causa ou de algum agente para que eles possam existir e operar.

5. Objeção: Pode ocorrer que ainda apareça algo que é causa si

Nós conhecemos só coisas feitas ou produzidas por influxo de uma causa. Bem pode ser que exista algo que é causa de si e que nós o desconhecemos.

Resposta:

Aceitamos a antecedente, mas recusamos a consequência do argumento. Pois, afora a causa primeira que é um ente não produzido (*ens infectum*), tudo o mais é ser feito ou produzido. Se for ser feito, é também contingente. Se for contingente, não tem em si e por si a própria razão de existir. Logo, precisa de outro para explicar a própria existência. Essa outra causa, afinal, há de ser incausada.

6. Objeção: Os elementos puros de natureza química e física são originais. Portanto, dispensam a ação da primeira causa

Dado que os primeiros elementos químicos da natureza sejam eternos e não produzidos, então, poder-se-ia dispensar a Causa Primeira de tudo.

Resposta:

Mesmo aceitando a possibilidade que os primeiros elementos químicos da natureza fossem eternos nem por isso eles deixariam de ser feitos ou produzidos. Já que não são seres necessários, eles continuam eternamente contingentes. Isso está a dizer que eles postulam uma causa que "*ab aeterno*" os tivesse criado. Uma primeira causa que lhes é, de algum modo, anterior e superior. Superioridade essa não no plano do tempo ou da duração e, sim, no plano de natureza ou estrutura ontológica.

7. Objeção: O universo como causalidade circular dispensa apelar para uma fonte causal de fora

Poder-se-ia ver o universo como um circuito fechado de causas que operam conexas entre elas e que dispensam a intervenção de qualquer causalidade estranha ao sistema cósmico.

Resposta:

Diz a lógica que é válido predicar do todo quanto se predica de cada elemento que o compõe. O que vale para todos os brasileiros vale para cada um em particular. Ora, se cada causa parcial por si mesma exige a existência de uma causa primária, então tal necessidade só aumenta, quando se considera um conjunto maior de causas parciais.

Capítulo VI
OS ATRIBUTOS DE DEUS QUE SE DEPREENDEM DA SEGUNDA VIA

1. O ser por si

O que se conclui desta via a respeito da natureza de Deus é que ele é o ser por si. *De fato, se ele existisse por outro, então, dependeria daquele outro e já não seria a causa primeira. Ele é o 'ENS A SE', ao passo que os demais entes são os 'Ens ab Alio', "ente por outro".*

2. O ser que opera no presente atual

Deus opera, no presente, sobre todas as séries de causas de modo a conservar o ser dos seus efeitos. Ele se serve, então, das causas segundas para conservação dos seres e comunica-lhes atividade. Por isso as causa segundas são apenas instrumentos seus. Só Ele é a causa principal da existência. Onde acontece um nexo causal, Deus, aí, age e opera. Sua ação pode ser indireta, mas é sempre atualíssima.

3. Ser transcendente

A sua causalidade é transcendente. Ela não está sujeita à modificação pelo fato de agir tal como sucede com as causas segundas que, ao operarem, passam por alguma mudança. A ação divina é inesgotável e inalterável.

4. O ser presente e imóvel

Ao invés de toda causa finita, que opera, coordenada e subordinadamente, com outra causa e age mediante o movimento, passando da potência para o ato, a causa superprimeira atua sem mover-se. Aliás, onde há movimento, há potencialidade, imperfeição e dependência. Deus é a plenitude atual de toda a perfeição.

5. Supercausa

Já que toda causa coordenada e subordinada implica potencialidade e parcialidade, então Deus como Supercausa há de ser perfeito, totalizante e autônomo.

6. O Ser criador

Uma vez que toda causa, coordenada e subordinada em sua eficiência, só pode agir com o auxílio de outra causa ou de outro sujeito auxiliar, a Causa Superprimeira pode agir sem o concurso de outra causa ou sujeito. Pode até criar *ex nihilo simpliciter*, isto é, "do nada absoluto" extrais novos seres.

Capítulo VII
CONCLUSÕES DA SEGUNDA VIA

Conclusão 1. Deus é causa:

Deus é causa porque o mundo está, realmente, sob a dependência atual dele. Não causa em sentido empírico, mas atua como causa primeira e incausada, já que Ele tem o domínio supremo do universo, produto de suas mãos.

Afirmar que Deus é causa parece mera nomenclatura. No entanto, o conceito causa encampa uma riqueza semântica cuja plenitude inclui qualquer outro conceito. Dizer causa é atribuir a Deus todas as perfeições que existem nas criaturas. Evidente que não do mesmo modo, mas de maneira superior e eminente. Aliás, o conceito causa tem denotação analógica.

Conclusão 2. Deus como ato puro ou plenitude de perfeição:

A causa incausada é um ser "a se", isto é, por si e para si. É uma plenitude absoluta de perfeição. Ela não depende de qualquer outra causa. Enfim, é ato puro.

Conclusão 3. Deus é razão de ser de seus atos:

Posto que o modo de operar e agir segue o modo de ser, se a Primeira Causa age como um ente "a se", disso decorre que tal agente também é um ser "a se". Em assim sendo, Ele é a razão de ser que justifica seus próprios atos.

Conclusão 4. Deus é diverso do mundo:

Entre Deus e o mundo impera uma diferença essencial. Deus é soberano, imutável, perfeito e independente. O mundo é mutável, imperfeito e dependente.

Conclusão 5. Deus é incausado:

A segunda via proclama Deus como Causa Primeira e Incausada.

Conclusão 6. Deus é autossuficiente:

Por ser uma causa não causada, Deus consubstancia o Ser Absoluto porquanto independe de qualquer ente. É sumamente autossuficiente e soberano.

Conclusão 7. Deus é a bondade comunicativa:

Apesar de sua majestade infinita, Deus se compraz em comunicar-se com suas criaturas. Sendo ele o sumo da bondade, então Deus se realiza, transfundindo a própria felicidade ao ser humano, sua imagem e semelhança. De fato, edita o velho axioma: "Bonum est diffusivum sui": "A bondade é doadora de si". Ele é a bondade máxima.

Conclusão 8. Deus está presente em tudo:

Deus não só é o Motor Imóvel tal como provou a primeira via, mas é ainda a fonte de toda realidade, seja esta substância seja acidente. A entidade atual das coisas é efetivada, neste instante, por uma Causa Incausada. Ela está presente em cada ente ou ser.
Basta fazer uso dos olhos da inteligência para descobrir a presença divina bem perto de nós e em tudo que nos circunda.

Conclusão 9. Deus conserva o mundo:

A prova da existência de Deus pelo argumento ex causis efficientibus revela ainda que cada ente ou criatura necessita de Deus para conservar-se no ser: Indigent a Deo conservari in esse (S.T., q.104, a.). Assim a ação atual por parte de Deus desempenha o papel principal na conservação de todas as coisas finitas. Embora caiba às causas intermediárias uma função indispensável, essa será sempre secundária e dependente.

Conclusão 10. Deus é distinto do mundo das coisas:

A segunda via refuta de frente o panteísmo. A Primeira Causa Incausada deve ser uma realidade com natureza essencialmente diversa das coisas finitas e causadas. Para explicar a causalidade criada, finita e contingente é necessário sair fora do âmbito das causas causadas, afirmar uma outra ordem ou nível de causa nada homogênea com o mundo. Ela deve ter em si mesma tudo quanto as demais causas não possuem.

Conclusão 11. Deus é substância:

O argumento da segunda via apresenta Deus como Causa Incausada. Logo, uma causa diversa das demais causas segundas. Estas finitas e contingentes. Aquela perfeitíssima sob todos os aspectos. Por isso mesmo também titular do conceito de substância. De substância Deus possui a plenitude da perfeição conceitual. Com efeito, edita a definição da substância: *res cuius quidditati convenit esse per se (in se) et non in alio*, ou seja, "ente ao qual compete o existir por si e não em outro suporte ou sujeito". Eis a razão porque a substância responde, de modo autônomo, por seus atos sem apelar para outra realidade tal como ocorre com os acidentes predicamentais. Ora, Deus é substância em plenitude.

Conclusão 12. Deus é pessoa:

Visto que a causa deve conter, no bojo de sua riqueza ontológica, as perfeições do efeito ou no mesmo grau, em se tratando de causas eficientes unívocas, ou em medida superior, quando se trata de causas análogas (*S.T.*, p. I, q. 4, ad 2), então Deus é também pessoa. Este conceito diz que a substância divina implica as perfeições da racionalidade, isto é da inteligência e da vontade livre. Com efeito, ensina Tomás de Aquino: *Persona significat id quod est perfectissimum in tota natura, scilicet, subsistens in rationali natura* (*S.T.* p.I, q.29, art 3).

O conceito de pessoa enriquece e muito o de substância. Por isso o gênio pensante do cristianismo, Tomás de Aquino, acrescenta: *Convém que o nome pessoa seja dito de Deus; porém, não no mesmo modo como se diz das criaturas e, sim, de modo mais elevado como, aliás, os demais nomes que são aplicados a Deus.*

Deus não é uma ideia abstrata. Não é um motor cego. Não é uma substância cósmica. Ele é pessoa. Sua essência divina tem inteligência e vontade. Como ente pessoal ele compreende e ama. Por isso ele sabe porque e para que nos tirou do nada. Ele fez o homem segundo sua imagem e semelhança a fim de se comunicar com ele, partilhando sua felicidade infinita. Cabe ao homem entender o projeto criador de Deus e responder à altura dessa sua vocação para a imortalidade no seio da beatitude total.

TERCEIRA PROVA

A CONTINGÊNCIA DA REALIDADE HUMANA

ÍNDICE

INTRODUÇÃO - A CONTINGÊNCIA DA REALIDADE HUMANA..................167

CAPÍTULO I - NOÇÕES PRELIMINARES.................................171

1. O argumento conforme a exposição de Tomás de Aquino
2. Síntese do argumento
3. A formulação tomista
4. A estrutura do argumento
5. As etapas do argumento
6. Observação
7. As definições de Ser contingente e de Ser necessário
8. Análise do conceito de contingência
9. Explanação complementar do conceito contingência
10. Princípio de apoio para a prova a favor da terceira via
11. Precisão do conceito de contingência
12. Os sinais da contingência: a mutabilidade
13. Nem todos os seres são puramente possíveis ou só contingentes
14. A existência inelutável do necessário
15. O conceito de necessário

CAPÍTULO II - A PROVA PELA CONTINGÊNCIA......................184

1. O nexo real entre contingência e o necessário absoluto
2. A prova em forma de silogismo
3. Prova da maior
4. Prova da menor
5. Conclusão
6. Explicação deste raciocínio
7. Impossibilidade de proceder até o infinito na busca de justificativa para o contingente
8. A contingência e possibilidade de um mundo existente *ab aeterno*
9. A prova pela contingência do mundo
10. Outra formulação do argumento
11. Conclusão

CAPÍTULO III - SÍNTESES DA PROVA PELA TERCEIRA VIA..........................191

1. O universo é um complexo de seres contingentes
2. O ser contingente exige o ser necessário como causa primeira
3. Prova pela contingência: segundo Igino Giordani
4. Segundo João Ameal
5. Terceira via: pelo contingente e pelo necessário, segundo Jacques Maritain
6. Os quatros passos da terceira via: segundo Battista Mondin
7. Segundo Leonel Franca

CAPÍTULO IV - AS OBJEÇÕES...........200

1ª Objeção
2ª Objeção
3ª Objeção

4ª Objeção
5ª Objeção
6ª Objeção
7ª Objeção
8ª Objeção
9ª Objeção
10ª Objeção
11ª Objeção
12ª Objeção
13ª Objeção

CAPÍTULO V - OS ATRIBUTOS DIVINOS QUE DECORREM DA TERCEIRA VIA.....211

CONCLUSÃO..........................212

INTRODUÇÃO
A CONTINGÊNCIA DA REALIDADE HUMANA

1. A primeira impressão que desperta em nós o mundo circunstante é de verdades múltiplas tanto nos seres animados como nos inanimados. À soma pluriforme das espécies e dos indivíduos agrega-se a diferença de qualidade que expressa a riqueza dos dotes de cada ente à guisa de projeção em cores que transforma o universo em jardim florido a espargir o perfume de harmonia suavizante. Vive-se imerso num oceano sem limites povoado pela flora que alimenta os animais para o abastecimento do ser humano. Essa primazia conferida pelo título de sobranceiro à natureza toda, antes de atribuir-lhe direitos de domínio, solicita-o, de contínuo, para contemplar as maravilhas de cada ser cuja existência ostenta reflexos de encantamento pela beleza que espelha o esplendor cósmico qual plenitude de equilíbrio harmônico entre seus incontáveis componentes.

2. Ao lado dessa imensa polifloração de elementos variados e translúcidos, constata-se não haver coisas totalmente idênticas entre elas. Cada ente prima pela sua individualidade ainda que minúscula. Não existem duas rosas ou dois jasmins iguais. Eis porque deslumbra nossa mente essa irrepetibilidade fragmentária. Cada ser é ele mesmo e não outro. Por isso mesmo distinto e separável por força de sua unidade intrínseca e pelas características externas.

Essa perfeição de identidade individualiza e traça os limites que a coartam por dentro como por fora. Cada ente é finito e limitado por esplêndido que seja, mesmo quando leva a prelibar os encantos e as doçuras da eternidade.

3. Portanto, tamanha exuberância não logra ocultar nem impedir a experiência concomitante da finitude de tudo quanto, aí, está e existe. Tudo é o que é sob condição de não ser nem ter plenitude. Assim, o limite de cada ente proclama a pequenez de sua fulgurância existencial. Se, de um lado, o desfrute melódico da música enleia o espírito, envolvendo-o nos parâmetros da tranquilidade, de outro lado, a falta de silêncio deixa a mente tolhida no seu impulso de assimilar a riqueza plácida e refocilante da sabedoria. Enquanto aprofundamos nos abismos da reflexão serena, descartamos o dinamismo da operosidade com sua turbulência eficaz e realizadora de efeitos múltiplos.

4. A visão dos limites, que circunscrevem cada ente, se complementa com a fugacidade perene que reduz todo ser finito à brevidade da existência. Nada, com efeito, resiste à ação corrosiva do tempo. Tudo se desgasta e pulveriza. Até as estrelas morrem. Galáxias inteiras viram poeira espacial. Tudo que, hoje, é, passa para o não ser de amanhã. Essa lei inexorável para tudo e para todos é sintomática na fragilidade humana. Aliás, ela é o único ente que toma consciência disso e que contra essa brevidade existencial revolta-se. Eis porque a decrepitude e a morte motivam a dor que dilacera, já que frustra o sonho de perenidade.

5. A experiência de nossa limitação existencial pelo arco do tempo, se acopla àquela dos limites de nossa essência. Assim, a finitude abrange as duas dimensões do ser humano: a existência e a essência. Em decorrência disso o homem toma consciência do fato de

sua limitação, transitoriedade e precariedade que assinalam sua condição de contingência.

6. Todavia, dada sua capacidade pensante, poderia o homem tentar emergir desse pélago de pessimismo, racionando como Descartes: "penso, logo, existo". Existe, sim. Porém, não necessariamente. Existe de fato. Poderia também não ter existido. Existe, hoje, mas não existiu desde sempre. Também não existirá por todo o sempre ao longo do tempo. Ora, essa possibilidade de não existir já torna o homem essencialmente precário. Portanto, sua essência não implica o existir. Ela também é contingente.

Assim, a primeira e imediata averiguação de capital relevância é que os seres são contingentes, já que existem de fato, porém, não existem de direito. De sua essência não se extrai a atualidade do seu existir.

7. Em face de tal estrutura de fragilidade congênita e insegura emerge a questão seguinte: já que cada coisa poderia não existir, sendo que, de fato, agora, existe, então, de onde vem a explicação disso? Como e por quê existe de fato, quando sua natureza não postula existência?

Aqui, desponta a resposta adequada. Ela diz que o contingente ou o finito só é justificável pelo ente necessário que responde por ele. Pois, o contingente de per si não é totalmente inteligível. Sem o necessário ele não existe. A propósito, referimos um texto do pensador italiano A. Rosmini: *Essendo possibile ugualmente l'una e l'altra cosa, la mente non può concepire che il mondo puittosto esista che non senza ammettere una causa necessaria. Questo è intrinseco all'essere, se ne sente la necessità* (in *Logica*, vol. I).

Leonel Franca, em sua obra preciosa *O problema de Deus*, esclarece, com o exemplo das demonstrações geométricas, a relação transcendental entre o contingente e o necessário. Diz o eminente filósofo brasileiro: "Se quisermos iluminar o processo desta demonstração com outras que, talvez, nos sejam mais familiares, para o discurso analítico eu lembraria o exemplo das demonstrações geométricas. Aplicando às noções ou definições o processo de análise racional, o geômetra deduz todas as relações necessárias que nela se encontram, implicitamente, envolvidas. Assim, da definição de circunferência ou da esfera se inferem, por consequência lógico-formais, todos os teoremas relativos à cada uma destas figuras. O vínculo ideal, que os liga entre si, é absolutamente necessário porque a análise é toda, imediatamente, baseada no princípio da não contradição que é a primeira evidência do pensamento: uma coisa não pode ser e não ser ao mesmo tempo. Assim, se uma circunferência pudesse ser cortada por uma secante em mais de dois pontos, cessaria, *ipso facto*, de ser circunferência, isto é, lugar geométrico das partes equidistantes de um ponto dado. Se a esfera tocasse um plano em mais de um ponto, deixaria de ser esfera e assim por diante.

Fica estabelecida dessa maneira, no campo lógico, uma concatenação de relações, absolutamente, necessárias que permitem e obrigam o espírito, que as vê, para passar de uma para outra. Foi esse processo de análise racional que explicou e elucidou a relação interna e essencial entre contingente e necessário e os atributos da unicidade, infinidade e atualidade envolvidos na estrutura inteligível do Ser necessário (o. c. ,pg.215).

O leitor depara, agora, com o terceiro argumento para provar a existência de Deus. Desta feita, o raciocínio se detém no conceito de contingência que caracteriza a realidade de tudo quanto pela sua precariedade postula a presença de Deus tal como, na área geométrica, a equidistância de um ponto gera o círculo.

CAPÍTULO - I
NOÇÕES PRELIMINARES

Seja recordado que o primeiro argumento apreciou o mundo da realidade objetiva no seu aspecto dinâmico enquanto movimento. Por sua vez, o segundo argumento se apoiou no fato da casualidade, já que tudo quanto se move é fruto de uma causa que responde por aquela passagem da potência para o ato. Agora, o terceiro argumento considera o universo no seu aspecto estático, mas essencialmente contingente. Assim, a via, que tem por ponto de partida a contingência, reluz de singular relevância porquanto evidencia o caráter precário da existência quer das coisas quer do ser humano. Essa fragilidade congênita da realidade do mundo e do homem faz deles um signo da presença do Absoluto. Claro que, ao qualificar o universo todo como algo contingente, estamos assumindo o conceito segundo a terminologia adotada na área da filosofia clássica. Por isso podemos adiantar que, aqui, contingente significa todo ser que é, mas que também poderia não ser. Vale dizer: o ser que na sua essência não manifesta a razão de ser da própria existência. Eis porque o ser contingente se contrapõe ao Ser necessário, isto é, aquele ser que é e não pode não ser, porquanto sua essência implica a necessidade absoluta de existir. Por isso, há de existir sempre.

Destarte, o argumento da contingência redunda em novidade, embora também busque a razão de ser da realidade total dos entes e faça alusão ao princípio da casualidade. Desta feita, além de interrogar sobre a razão de ser do movimento como tal e do seu movente, o argumento enfoca a razão de ser daquela novidade mesma de ser contingente. Como fala Adriano Alessi (em *Sui sentieri dell'Assoluto*):*Ora si ricerca la ragion d'essere dell esserci stesso della novità d'essere*, ou seja, agora, busca-se a razão de ser enquanto novidade existencial.

1. O argumento conforme a exposição de Tomás de Aquino

A terceira via, tirada do possível (ou contingente) e do necessário, é a seguinte: entre as coisas encontramos algumas que podem ser e não ser. De fato, algumas coisas nascem e perecem, o que quer dizer que podem existir e não existir. Ora, é impossível que todas as coisas de tal natureza tenham sempre existido porque aquilo que não pode não existir, em determinado momento, não existia. Se, portanto, todas as coisas existentes na natureza são tais como podem não existir, então, em determinada altura, nada existiu na realidade. Mas, se isto é verdade, também agora, nada existiria, porque aquilo que não existe não começa a existir senão por virtude de uma outra coisa que já existe. Portanto, se não existia nenhum ser, era impossível que algo tivesse começado a existir e, então, agora, nada existiria, o que é evidentemente falso. Por conseguinte, não todos os seres são contingentes, mas é preciso que na realidade exista algum que seja necessário. Ora, todo necessário ou tem em outro a razão de sua necessidade ou não. Por outro lado, não se pode proceder ao infinito nos seres necessários que têm em outro a razão de sua necessidade, assim como nas causas eficientes, como já foi demonstrado. É forçoso, portanto, concluir a existência de um ser que seja por si necessário e não receba de outro a sua necessidade, mas seja a causa da necessidade dos outros. Este todos denominam Deus (Summa Theologica I, 2, 3).

2. Síntese do argumento

O universo é uma soma de entes contingentes. Ora, o ser contingente exige o Ser necessário como causa primeira de sua existência. Logo, além do universo, existe o Ser necessário, que é, precisamente, Deus.

3. A formulação tomista

Tomás de Aquino apresenta duas versões distintas da terceira via. Uma está registrada na *Summa Theologica* e a outra na *Summa Contra Gentiles*. A primeira considera o ser como possível e necessário; vê a realidade como passível de ser e de não ser. Assim, a primeira tem apoio no princípio: *Quod possibile est non esse, quandoque non est,* ou seja, o que é possível não ser, ocorre não ter existido. A outra enfoca o princípio *omne quod est possibile esse, causam habet,* ou seja, tudo que é possível ser, tem causa.

Parece claro que o conceito de contingente destaca a precariedade de poder ser e não ser de modo a equivaler à incapacidade essencial do ente em responder pela própria existência.

4. A estrutura do argumento

O ponto de partida é a constatação do fato da contingência. Existem seres contingentes, isto é, seres que podem ser e não ser. Aliás, o universo é um conjunto de entes contingentes, porquanto sujeitos à mudanças e de fato são mutáveis. Assim, se constata que os viventes nascem, crescem e morrem, sendo que, ao longo de sua vida, eles atravessam incontáveis fases de modificação de estrutura e de comportamento. Também as substâncias inorgânicas passam por transformações.

A seguir, se processa o exame analítico da noção de contingência. Desse exame analítico depreende-se que o ser contingente não responde pela sua razão de ser, isto é, não dá a razão plena de sua própria inteligibilidade.

Com efeito, a nenhum dos entes que compõem o universo compete o existir de modo a repugnar-lhes a não existência. Eles existem, mas também poderiam não existir. Mesmo existindo, eles sofrem mudanças.

Posto que essa análise seja mediante o rigor das normas lógicas, o resultado será trazer à tona da evidência aquilo que faz parte intrínseca de sua relação com o ser necessário. Realmente, os seres contingentes, sendo coisas que podem existir ou não, então, isso significa que sua natureza não está determinada a existir, mas é indiferente para ser ou para não ser.

Agora, o raciocínio torna explícito uma conexão lógica até, então, só implícita: o contingente implica o necessário como sua causa primeira. De fato, se por sua natureza o ser contingente é indiferente ao existir ou não, isso revela que ele não contém em si mesmo a razão da própria existência. Ora, não tendo em si o que é necessário para poder existir, então, fica evidente que essa sua existência tem que ser recebida de outrem. Essa outra causa é, novamente, vista ou como tendo razão de si ou com razão em outrem. Portanto, ou é necessária ou contingente.

Como não se pode proceder até o infinito na série de causas essencialmente subordinadas porque ter-se-ia uma sequência infinda de anexos sem ponto de apoio, então, é forçoso chegar à uma causa que contém em si mesma a própria justificativa. Eis, aí, quando desponta a necessidade do ser necessário e absoluto que é a causa primeira do universo.

5. As etapas do argumento

1. A existência inquestionável de coisas contingentes;
2. A exigência em cada coisa contingente de uma causa para justificar-lhe a existência;
3. A inviabilidade do procedimento até o infinito;
4. A exigência de chegar ao ser necessário.

6. Observação

O presente argumento supõe determinada concepção a respeito do ser finito. Aqui, se entende ente finito como resultante da composição original de matéria prima e de forma, sendo a forma o princípio substancial "quo" pelo qual a substância é constituída. Por isso o ente finito é passível de mutação, de corrupção e de geração. Há filósofos que entendem o ente finito como formado de matéria e forma, mas não enquanto princípios constitutivos básicos e, sim, como entes simples e últimos.

Ora, o argumento, segundo a teoria aristotélica, entende o ente finito como resultante do princípio substancial duplo (matéria e forma) e por tal razão implicando o conceito de mutação de sorte a ser válido para ele dizer que, verdadeiramente, pode *começar a ser e deixar de ser*. Aliás, a matéria e a forma, na teoria clássica, não começam a existir nem pereçam. O que, realmente, principia e termina é a composição da matéria e forma.

Na suposição do ser constituído, fundamentalmente, de seres simples e indivisíveis, não há como falar de contingência.

Mesmo dentro da teoria platônica, segundo a qual, os seres são composições de realidades últimas e simples, onde, por conseguinte, a corrupção equivale à separação ou à aniquilação e a geração à agregação ou à criação, tal ente ou substrato necessário tem ainda que explicar por que ele é necessário: por si ou por outro.

7. As definições de Ser contingente e de Ser necessário

Contingente é o ser que existe, mas também pode não existir *(possibile esse et non esse)*. O ser contingente, de fato, está na posse de existência, mas não existe por si, ou seja, a sua própria essência não implica a razão de sua existência. Por força de sua natureza o ser contingente é apenas um possível que, de fato, existe. Porém, não de direito. Ele não é portador, em si, da razão de ser ou fundamento do próprio ser. Eis porque o seu existir se torna precário. Muito a propósito, Leonel Franca, na célebre palestra, no Rio de Janeiro, em 1933, explicava a contingência dos vegetais e dos animais, dizendo que, ao defini-los em suas espécies, nenhum deles implica o conceito de existência na sua essência. O mesmo vale para a definição de ser humano. Por isso a definição de um ente qualquer vale tanto para um atual como para um possível.

Assim, o contingente se opõe ao necessário. O necessário é o que é e não pode não ser. Na sua própria essência, ele traz a exigência de existir. Por isso não pode não existir.

8. Análise do conceito de contingência

Antes do mais, convém recordar, aqui, uma tese fundamental da Lógica. As nossas predicações, por via de regra, são verdadeiras. Ninguém duvida sobre a validade da assertiva: Pedro é homem e que homem é animal racional. Como, de outro lado, ninguém aceitaria ser válido afirmar que Pedro é Maria ou Paulo. Se as palavras possuem significado irredutível é porque seus conceitos também são irredutíveis. Isso está a dizer que a predicação é verdadeira porque consta de conceitos objetivos sobre realidades que não podem ser postas em dúvida.

Na ideia ou definição de homem, se não for levado em conta o elemento da racionalidade, tal ideia seria falsa e, então, a definição não teria a significação correta do objeto designado. Por isso, em Lógica, assegura-se que a definição correta expressa sempre a essência das coisas.

Ora, a existência atual não está incluída como elemento definitório e essencial de nenhum ser. Antes, a essência enquanto definida deixa de lado o elemento existencial. A definição de homem, de animal, de vegetal, etc., se aplica, perfeitamente seja ao objeto atual seja ao meramente possível ou futuro.

O homem, por exemplo, existe porque é animal racional ou atual ou possível e não porque está, na sua essencialidade, o existir agora. Por força de sua natureza e essencialidade o homem pode existir ou não. A sua essência é indiferente ao fato de ser existente na atualidade ou de mera possibilidade.

O contingente é aquele ser que embora exista, pode não existir. A sua essência não pede nem impõe a atualidade do existir.

Merece lida esta explicação de um dos maiores mestres da filosofia clássica, P. Marechal *(Le point de départ*, C. V, p. 247): "Toda a contingência metafísica implica de si uma indeterminação fundamental relativamente ao ser, um inacabamento das condições internas de possibilidade. O objeto contingente, quando é, podia não ser e quando não é, podia ser. Existente não é simplesmente o ser, mas tal ser; inexistente não é simplesmente o nada, pois, permanece ainda possível".

9. Explanação complementar do conceito contingência

Dada a relevância da posse do conceito exato de ser contingente, nada supérfluo reler a elucidação deixada por Leonel Franca (o. c. p. 210), com toda sua perícia didática:

Vós podeis definir o mineral e a planta, o animal e o homem, sem lhes incluir como nota essencial a existência. Vós os podeis conceber como simplesmente possíveis sem incorrerdes em nenhuma contradição. Se na vossa ideia ou definição de homem não incluirdes a de racional, não concebeis o homem; a vossa definição já não representa o objeto. Falta-lhe um elemento essencial. Definistes um homem que não é homem... A existência, porém, não se inclui como elemento na definição de nenhum dos seres acessíveis à vossa observação. O que lhes caracteriza a essência prescinde do seu estado de atualidade ou de possibilidade. A definição essencial do homem ou de pedra como a de círculo ou de esfera aplica-se igualmente ao objeto, atual ou meramente possível. Por outra, todos estes seres não existem... em virtude da própria essência. Podem existir ou não, são independentes ao estado de atualidade ou de possibilidade. Numa palavra, são contingentes.

10. Princípio de apoio para a prova a favor da terceira via

1. O primeiro princípio que alicerça este argumento edita não ser possível a existência de apenas entes contingentes. Por isso é forçoso reconhecer a existência de algum ser necessário.

Este princípio decorre da natureza mesma dos entes ou seres contingentes. Seria de todo impensável que todos os seres fossem contingentes. Já que contingente implica a ideia de não ter existido antes de existir, então, posto que todos fossem contingentes, ente nenhum existiria agora.

Isso é consentâneo com o axioma segundo a qual tudo que começa a existir só existe mesmo por força de algo já existente anteriormente. Pois, do nada, nada provém. Ora, esse ser necessário, deduzido do conceito de contingência, é aquele ente que possui suficiente razão de ser por si e em si.

2. O segundo princípio edita que esse ser necessário é absoluto e não apenas hipoteticamente necessário. Caso fosse apenas dependente de outro necessário, então, seria hipotético e o questionamento recairia sobre o necessário de sua origem. Ele por sua vez seria absoluto ou hipotético? Se absoluto, então, chegamos a Deus; se hipotético, o questionamento persiste.

Todavia, não é exequível proceder indefinidamente. Logo, é necessário chegar ao ente absolutamente necessário, isto é, Deus.

3. O terceiro princípio declara ser impossível um processo indefinido na série de seres necessários cuja necessidade fosse tirada de outrem. Com efeito, já que cada um não contém em si o que se busca, então, a soma de zero não totaliza unidade nenhuma. Uma série de cegos não perfaz um só vidente. Portanto, a razão de ser do ente necessário deve ser buscada fora da série. Ali, está a causa da necessidade de todos os seres hipoteticamente necessários. Tal causa é absoluta porque encerra em si a razão de sua existência e a razão suficiente transmitida aos demais entes que dela dependem.

4. Daí a conclusão: Os seres contingentes postulam um ser necessário que deve ser absoluto. Ora, esse ser necessário e absoluto é o ser que existe por si e tem em si a razão do próprio existir, independentemente, de qualquer outro ser.

11. Precisão do conceito de contingência

Se algo começa a existir, então, está evidente que tal ser é contingente. Mas, a definição de contingência independe do fato de começar a existir. O que faz a contingência é sua condição de não ter por natureza o elemento existir de fato. A sua essência não implica a razão de sua existência. Por isso a existência não aparece como elemento nocional da definição de qualquer ser contingente.

Para ter a certeza de que algo é um ser contingente não ocorre ter conhecimento direto e experimental de sua origem. Ninguém de nós tem consciência da própria passagem de potência para ato. Isso não obstante deparamos com os sinais de nossa própria contingência. Somos limitados e carentes de perfeição. O mundo circunstante também se mostra contingente. O mundo químico se transforma, continuamente, através de síntese e análise. Os seres vivos nascem, desenvolvem e morrem, realizando a própria mutabilidade.

12. Os sinais da contingência: a mutabilidade

A marca da contingência fundamental está no fato das coisas estarem sujeitas à mutação. Um ser que muda é o ser que pode perder ou adquirir uma perfeição. O que perde, ele não o possui necessariamente. O que adquiriu, também não o possuirá necessariamente. Ora, começar a existir simplesmente ou só relativamente deste ou de outro modo, já indica a possibilidade de também não existir quer de modo absoluto quer relativo. Portanto, o que cresce ou decresce, o que pode ser mais ou menos, não ostenta o carimbo da necessidade. Não tem em si o fundamento de sua própria existência e por isso postula a razão da atualidade do existir.

Ao passo que o ser necessário, sendo aquilo que não pode não ser, nele a existência faz parte de sua essência. Razão porque o necessário é imutável. Nele não há potencialidade. Nada de mudança ou variação é compatível com o ser necessário. Onde há mudança, aí, há sinal de contingência, ao passo que o ser necessário, tem um estado de perfeição atualmente existente. No ser necessário não há multiplicidade nem variedade. As coisas múltiplas revelam aspectos de uma perfeição que não se realiza por si e por dentro. Assim, cada homem não contém a perfeição da espécie humana na sua totalidade. *O que varia na reprodução de um tipo ideal da espécie é por isso mesmo uma das representações contingentes. Fossem necessários o leão ou o brilhante, então, deveriam existir todos os leões e todos os brilhantes possíveis e entre eles nenhuma variedade se poderia observar.* (Leonel, o. c., p. 212).

13. Nem todos os seres são puramente possíveis ou só contingentes

Tomás de Aquino afirma que, na hipótese de que todas as coisas existentes fossem contingentes, nada existiria hoje. Com efeito, se o mundo da realidade fosse integrado apenas de coisas contingentes (*possibilia essse et non esse*), então, seria impossível que, de fato, as coisas existissem na atualidade. Pois, aquilo que pode não existir, em determinado momento, não existiria. Sendo todas as coisas contingentes, então, há de haver uma razão de ser fora delas. Este é o Ser Necessário. Dele o contingente depende no seu existir. Por ser o contingente uma indeterminação relativa ao existir, ele só pode sair da indeterminação pelo fluxo de um ser que, tendo em si a própria razão de existir, comunica-lhe a existência.

14. A existência inelutável do necessário

Não há como fugir da conclusão em favor da existência de um

ser necessário. Já sabemos que o ser necessário existe em virtude da própria essência. É ser cuja essência consiste no existir. Existe porque possui a plenitude do ser. O necessário existe porque sem ele nada de contingente existiria de fato. *Ele é infinito porque nada o pode limitar na sua onímoda independência; a limitação dos seres finitos tem a sua origem ou na causa eficiente de que dependem e que lhes comunica uma perfeição limitada (um ser vivo que gera outro ser vivo) ou uma potencialidade interna que lhe gradua a capacidade receptiva (um recipiente). No Ser Necessário nem dependência das causas extrínsecas nem princípio de potencialidade interior. Ele é por si e é sempre toda a atualidade porque sua essência diz ser e não possibilidade de ser. Mais. Onde não há possibilidade de ser, aí, há imutabilidade absoluta – toda mutabilidade, todo progresso, nasce de uma potência não atualizada – aí, há perfeição plena na simplicidade puríssima. Onde quer que haja imperfeição, ou composição, aí, há divisibilidade, dependência recíproca das partes que se condicionam, possibilidade de ulterior perfeição – sinais todos de potência e contingência incompatíveis com a noção mesma de Necessário.* (Leonel Franca, in *Deus*, o. c., p. 214.).

15. O conceito de necessário

Necessário é o ser que de tal modo existe que não poderia não existir: *Id quod non potest non esse*.

1. Esta necessidade para existir pode estar radicada no ser de dois modos: absoluto ou hipotético.

1.1. O ser absolutamente necessário independe de qualquer condição ou hipótese e sob todos os aspectos postula existir. Sua não existência é um não inteligível. Pois, sua essência metafísica implica a essência física. Nele o poder ser equivale ao ser real e efetivo. Já que é autossuficiente, ele, para ser e para agir, independe de qualquer outro ser.

1.2. O ser, hipoteticamente, necessário tem a necessidade de existir, mas sob dependência de alguma causa, hipótese ou condição. É necessário porque outro ser lhe conferiu tal necessidade. Em tal sentido se diz: o meio é necessário para o fim; a causa proporcionada é necessária para produzir tal efeito; é causa necessária para...
Trata-se, então, de uma necessidade factual e não oriunda da essência da coisa.

1.3. Os filósofos da linha tomista apresentam duas definições distintas de contingência. Merecem ser apreciadas, aqui. A primeira declara: "contingente é todo ser que for indiferente para existir ou que possui indiferença passiva quanto ao existir de fato". Nesta definição, o termo contingente apresenta sentido amplo e, assim, vale para todos os seres possíveis como também para os atuais. Além disso, aprecia apenas o existir como elemento essencial do ser. Não entra em apreço, se de fato existe ou não. A segunda definição de contingente diz: é o ser que existe de fato, mas que poderia não ter existido sem que nisso houvesse qualquer contradição. Aqui, o conceito é mais restrito. Leva em conta só o ser em seu atual estado e existência. Abarca, então, apenas os entes que atualmente existem na sua contingência. São seres que existem de fato, mas como não têm em si a razão de seu existir, poderiam ter ficado no estado de meros possíveis, caso outro ser não os tivesse tirado daquele estado de indiferença. Portanto, para existir dependem de outrem.

1.4. Eis a essência do ser contingente. Ele existe de fato, mas poderia não ter existido. Nessa possibilidade de não existir reside o sentido pleno de sua contingência. Perante o fato de ser ele, por essência, é indiferente.

CAPÍTULO - II
A PROVA PELA CONTINGÊNCIA

1. O nexo real entre a contingência e o necessário absoluto

Uma vez constatada, empiricamente, a contingência real das coisas deste mundo, a busca de algo necessário para explicar tal contingência inata da realidade nada tem de sofisma. Não se transita de ordem real para uma ordem de pura imaginação. Nada disso. O trânsito do nexo entre contingência e necessidade permanece no mesmo nível: vai de real para real e não de real para irreal. Não se opera, aqui, o salto de ordens ou de níveis. Respeitadas estão, portanto, as regras da suposição. Ao dizer que algo é contingente, a mente elabora um conceito real com respaldo de objetividade extramental, isto é, ela representa não uma quimera, mas algo de efetivo na ordem dos fatos experimentais.

Se tal conceito postular uma complementação de natureza necessária, esse necessário continua ligado ao nível da realidade anterior que o exigia. Vale dizer. Quem diz contingência, diz dependência. Se o contingente é o existente de fato, então, a causa do qual ele depende será igualmente um existente real. Por conseguinte, ao se deparar com a existência de coisas contingentes, a mente formula um conceito a respeito daquela realidade. A seguir, faz a análise daquela ideia e revela seu conteúdo nocional que implica o conceito de necessário com o qual a contingência entra em relação.

2. A prova em forma de silogismo

A experiência ensina que as coisas que são geradas e corrompem, existem de modo contingente.

Ora, o que é contingente existe apenas em parte (*ex parte*), isto é, não justifica a própria existência.

Logo, existe um Ente por si necessário que se denomina Deus.

1.1. Prova da Maior

Nada mais óbvio e incontestе que a existência de coisas passíveis de geração e de corrupção. A cada momento, os seres novos aparecem e outros perecem. Há seres que começam a ser e outros que deixam de ser. Ora, o contingente é bem o ente sujeito a ser gerado e a desaparecer pela corrupção, já que não implica a necessidade de existir sempre.

2.2. Prova da Menor

O que existe de modo contingente, só existe de modo efêmero ou em parte. Pois, ter o ser e depois deixar de ter significa possuir o ser dentro de certo espaço de tempo, isto é, dentro de um limite fracionado de tempo. Isto equivale a ter o ser parcialmente. Está também a dizer que tudo quanto principia a ser está fadado a existir parcialmente, isto é, sem a garantia da plenitude ou totalidade. Ora, o que é, em parte. acena para algo que não principia a ser, clama por algo que é necessário tal como a parte evoca e apela para o todo. Assim, como a parte implica o todo, o contingente revela o necessário.

1.3. Conclusão
Tudo o que começa a ser declara a própria dependência em relação a um Ente absolutamente necessário tal como a ideia de parte envolve a ideia de totalidade.

3. Explicação deste raciocínio
A força lógica deste argumento probatório se estriba no princípio *quidquid incipit esse ex parte solum est,* ou seja: tudo que principia a existir, só existe, em parte, não plenamente. Tal princípio ou axioma tem validade absoluta. Tanto aplica-se para exemplos na ordem do tempo e do espaço como vale para a ordem ontológica em geral. Por isso trata-se de um axioma para todo ser principiado, isto é, que começa a existir. Ter princípio, com efeito, equivale a ter limite.

Todo principiado é limitado, precário e defectível.

Ao invés, afirmar que um ente é necessário, então, é dito que ele tem a existência como atualidade no existir; tem determinação completa; inclui perfeição absoluta indefectível sob todos os aspectos.

Eis porque a mera hipótese de um ser necessário, mas finito, ou limitado, não enfraquece o caráter cogente do argumento. Com efeito, ser finito e, ao mesmo tempo, necessário, eis um absurdo conceitual.

4. Impossibilidade de proceder até o infinito na busca de justificativa para o contingente
Também, aqui, na busca de uma justificativa racional para a inteligibilidade do contingente não vale o expediente de apelar para o infinito.

Eis o que diz Tomás de Aquino: *Tudo o que é possível, tem uma causa. De fato, posto que, por si mesmo, está na mesma relação com respeito a duas alternativas, a saber, o existir e o não existir, é necessário que, se o existir lhe pertence, então, este deve advir de alguma causa. Mas não é possível ir até o infinito em uma série causal.* (Cont. Gent. 1.13).

Não é possível porque, afinal, há de encontrar algo de necessário em si. Pois, caso não existisse o necessário, o mundo atual jamais teria começado a existir. Portanto, nem todos os seres são apenas possíveis ou contingentes.

Também não valeria apelar de necessário para necessário. Caso assim fosse, tal necessário teria que receber sua necessidade de outro ser. Assim, o jogo de repasse seria repetido sem atender à exigência racional da razão de ser. Daí porque se faz imperioso a existência de um Primeiro Necessário cuja necessidade seja a sua própria natureza.

5. Contingência e possibilidade de um mundo existente "ab aeterno", isto é, desde a eternidade.

Tomás de Aquino admite a possibilidade, em nível filosófico, que o mundo exista desde toda a eternidade. Todavia, não admita que uma realidade corruptível possa manter-se no ser por si mesma *ab aeterno*. A natureza do ser corruptível não pode desfrutar por si de prerrogativa da eternidade. Se, de fato, existissem apenas seres sujeitos aos ciclos de geração e de corrupção, sendo que nenhum deles, nem o conjunto da série desfrutasse por si da duração para todo o sempre, seria, então, requerido, para além do tempo que eles preenchem, supor um nada de cujo nada eles teriam saído. Portanto, é impossível que só existam seres corruptíveis ou de modo mais geral contingentes. Há de existir, realmente, algo de necessário que tem em si a sua própria justificativa.

Nada impossível que seres contingentes sejam conservados na existência sem ter princípio e nem fim, desde que, sejam sustentados no ser por alguma existência sem casualidade que, em última instância, fosse a causa daquela contingência.

6. A prova pela contingência do mundo

6.1. Existem, no mundo, coisas que, de fato, ocupam o lugar de outras coisas igualmente possíveis de existirem. As atuais espécies de plantas e animais poderiam ter desaparecidas e, no lugar delas, outras espécies poderiam estar existindo. Aquelas outras coisas que poderiam existir, eram perfeitamente possíveis e, no entanto, não existem. Ora, tal situação de fato postula uma razão suficiente.

Portanto, a razão de ser de tal fato ou está nas coisas mesmas ou em algo supramundano, ou seja, no ser suficiente por si (*ens a se*) que se denomina Deus.

Note o leitor que as coisas existentes de fato não têm em si a explicação de sua efetiva existência. Pois, caso assim fosse, elas exigiriam por si a própria existência no lugar de outras possíveis. Mas, então, as coisas possíveis que, de fato, não existem por si teriam a mesma exigência e estariam existindo. Isso leva a entender porque a razão de existirem não está nas coisas mesmas, mas em alguma inteligência que faz a seleção, organizando o mundo da existência. Eis porque a razão de existir das coisas, no mundo, reside em um ser supramundano.

6.2. Este raciocínio é contestado pelos ateus. Eles dizem: a razão de ser das leis do mundo está na própria estrutura da matéria. As forças da natureza derivam do processo cosmogônico. Todavia, podemos replicar. O processo cosmogônico como um todo também é contingente. Tudo poderia se processar de modo igualmente diverso. Outros processos genéticos seriam também possíveis. Logo, o cosmo não possui em si e por si sua razão de ser. Enfim, ele não responde em última instância pela própria origem nem pela própria ordem. Por sua vez, o ente supramundano, que responde pela razão de ser das coisas, há de ter a sua própria razão de ser. Se for um ente contingente, de novo vai requerer uma razão fora de si mesmo para explicar porque existe em vez de não existir. Essa razão externa não pode, afinal, estar sempre em outro ente como se tudo fosse explicado por uma cadeia de empurra ou de repasse. Eis a necessidade de deparar com um ente por si (*ens a se*) do qual tudo procede e de onde cada coisa contingente retira sua existência efetiva. Daí a comparação: nem todas as estrelas podem ser planetas que recebem a luz de alhures, mas é necessário que exista uma estrela com a luz própria e que seja a fonte de iluminação para os planetas.

6.3. Outra formulação do argumento

Tudo que existe ou existe por si ou por força de outrem. Mas, não é aceitável que tudo existe só por força de outrem. Logo, há de emergir um ente que existe por força própria (*ens a se* e não *ab alio*). Ora, esse ente não é o mundo ou o cosmo, já que o mundo não tem a razão de sua existência em si. Logo, existe um ente supramundano ou supracósmico pelo qual as coisas são produzidas.

1.4. Conclusão

Portanto, a terceira via confronta os conceitos de necessário e de contingente; o que varia e muda, o que nasce e morre; o que pode existir e não existir. Tais seres contingentes, pelo fato mesmo de serem assim, não possuem em si mesmos a razão suficiente da própria existência, mas em outro ser. Ora, regredir até o infinito para buscar e encontrar esse outro equivale a deixar sem razão de ser a existência dos contingentes.

Só resta, então, admitir a existência de um Ser Necessário.

CAPÍTULO - III
SÍNTESES DA PROVA PELA TERCEIRA VIA

1. Segundo o Cardeal Paolo Dezza "O universo é complexo de seres contingentes, mas o ser contingente exige o Ser Necessário como sua causa primeira. Portanto, além do universo existe o ser necessário que é Deus".

Examinemos, agora, cada uma das proposições dessa argumentação. A explanação é do professor Paolo Dezza.

1.1. O universo é um complexo de seres contingentes

Nós constatamos existir no universo uma infinita quantidade de coisas: nós mesmos, os demais seres humanos, os animais, as plantas, minerais de tantas espécies, composições moleculares, átomos, etc. Tudo isso que compõe a terra, o sol, os astros, etc. Todos esses seres não são seres necessários porque ser necessário é aquele que necessariamente existe e não pode não existir. Então, necessariamente, é o que é. Por isso imutável. Ora, tudo que compõe o universo são coisas mutáveis que, de fato, mudam continuamente. Os viventes nascem crescem e morrem. Durante sua vida modificam-se sempre. As substâncias orgânicas também estão sujeitas a contínuas transformações. Assim, à nenhuma das coisas que compõem o mundo compete ter o ser de modo que lhe repugna, intrinsecamente, o não ser e que por isso deve ser necessariamente.

1.2.- O Ser contingente exige o Ser necessário como causa primeira

Como vimos, ser contingente significa que pode existir e não existir seja de um modo seja de outro. Isso quer dizer que a coisa não é por sua natureza determinada para existir, mas por natureza é indiferente a ser e não ser. Por exemplo. Pertence à natureza do ser humano ser racional, já que ser humano irracional seria um absurdo. Porém, não pertence à natureza humana a existência, já que ele é, mas antes não era nem será para sempre. Ele nasce e morre.

Por natureza o seu ser é contingente porque indiferente para existir e não existir.

Ora, se por natureza o seu ser é contingente e indiferente para existir ou não, isso significa que ele não tem em si a razão suficiente da própria existência, isto é, não tem em si o que é necessário para poder existir. Então, fica claro que essa sua existência, se existe, deve ter recebido a existência de algum outro ser, isto é, tem que existir um outro ser que seja a razão suficiente de sua existência.

Essa causa que explica o seu existir, por sua vez, ou é necessária ou contingente. Se contingente, então, não tem em si a razão suficiente do próprio existir e por isso deve ter sido causado por um outro ente. Em relação a esse outro, põe-se a mesma questão: é contingente ou necessário?

Como não se pode ir até o infinito numa série de causas essencialmente subordinadas, caso contrário ter-se-ia uma série suspensa no ar sem base de sustentação ou uma soma infinita de zero que produziria uma unidade. Portanto, deve existir um ser necessário que tenha em si a razão suficiente do próprio ser e dos outros seres; que seja a causa primeira de tudo. Daí, se conclui que além do universo existe um ser necessário que se chama Deus. (*Filosofia*, pág. 172-4).

2. Prova pela contingência: segundo Igino Giordani

Do fato de que existem seres contingentes – que podem ser e não ser, e que na realidade, outrora, não existiram, é preciso remontar ao Ser necessário, que não pode não existir, que deve existir e existir desde todo o sempre. Ele por si é capaz de fazer com que também os outros existam. O Ser Necessário chama-se Deus. Logo, Deus existe.

Qualquer ser do mundo poderia não ter existido. Só Deus é aquele que é, só ele existe por si e só ele é que dá aos outros a existência com a razão de ser.

Ora, o ser necessário é o Ser mesmo, o Ser puro, Perfeição absoluta: (*Deus*, p. 76)

3. Segundo João Ameal

"A terceira via se funda na distinção, já mencionada, do possível ou contingente e do necessário. Vemos, em torno de nós, coisas que podem ou não existir: a prova é que geram e corrompem, nascem e morrem. Devemos supor que nenhum ser escapa dessa lei? Se assim fosse, como a lei do possível é realizar-se algum dia e como tudo poderia não existir, numa época nada teria existido. Mas, a concebê-lo, seríamos forçados a conceber que também hoje, no momento em que vivemos, nada existe, pois, o que existe só começou a existir graças a qualquer coisa existente. Desde que, em certo momento nada de existente houvesse, então, nada de existente haveria jamais. Conclusão: nem tudo é apenas possível ou contingente. Forçoso que o necessário exista. Ora, aquilo que é necessário, tira a sua necessidade de si próprio ou de outrem. No segundo caso, já sabemos, pela prova anterior, que é ilegítima a ascensão ao infinito e que nos teremos de deter perante o necessário que não tire de outrem a sua necessidade, mas, seja, antes, causa suprema da necessidade de todo o necessário. Eis-nos chegados ao Ser Necessário: Deus. Qual o nosso avanço? A Primeira Causa motriz, a Primeira Causa eficiente descortinamo-la, agora, como Ser Necessário. Deste modo surpreendemos um novo atributo divino – um dos grandes, primordiais atributos divinos. (*São Tomás de Aquino*, p. 262).

4. Terceira via pelo contingente e pelo necessário, segundo Jacques Maritain

"Ainda que haja acaso no mundo ou acontecimento resultante do concurso de séries causais independentes, o indeterminismo da física moderna, mesmo que possa ser útil no plano científico, não poderia ser erigido em teoria filosófica. Todos os acontecimentos do mundo físico são determinados. Isso não impede que, ao mesmo tempo, sejam contingentes num ou noutro grau. Poderiam não se ter produzidos, se as causas próximas que os produzem tivessem sido impedidas pela intervenção de outras linhas causais em seu campo de ação ou se, em última análise, o universo fosse outro que não o que é. De modo geral, uma coisa é contingente, quando a sua não ocorrência ou a sua não posição no ser não é uma impossibilidade. Essa definição pode ser verificada pela coisa tomada em si mesma (uma estrela não é mais necessária em si mesma que um reflexo sobre um curso d'água), ainda que não se verifique pela coisa considerada em relação às causas que a produzem (as estrelas foram produzidas como um resultado necessário *de fato* da evolução cósmica). Falar em mudança é falar em contingência. Um céu claro se torna nublado: para o céu, pois, ser claro ou nublado são coisas cuja não ocorrência é possível. Plantas e animais, astros e átomos, são sujeitos ao ritmo universal da destruição e da produção; todas as formas que os nossos olhos percebem são perecíveis; podem deixar de ser ou, noutras palavras, possuem a existência de uma maneira contingente.

Todavia, haverá apenas o que é contingente, apenas o que pode não ser? Podemos, pelo pensamento, suprimir das coisas absolutamente toda necessidade? A hipótese destrói a si mesma: a supor a contingência pura, nada absolutamente existiria.

Imaginemos um tempo sem princípio nem fim e imaginemos que, não obstante, nada absolutamente há de necessário nem no tempo nem acima do tempo. Neste caso, é impossível que sempre tenha havido ser, pois, aquilo em que não há necessidade alguma não pode ser sempre. É inevitável, pois, que, em dado momento, nada tenha existido. Mas, se num momento nada é, nada será eternamente, pois, nada pode vir à existência senão através de algo que já exista. E por isso, agora mesmo nada existiria.

Assim, é preciso que haja algo de necessário nas coisas. Por exemplo, que a matéria, entendida como o substrato comum de tudo que é sujeito à destruição ou à produção seja também, consequentemente, necessária na sua permanência através de todas as mudanças; e que haja leis necessárias na natureza ou, noutras palavras, que as coisas não sejam, absolutamente ou sob todos os aspectos, contingentes, e que contenham estruturas inteligíveis ou naturezas que exigem necessariamente certos efeitos.

Ora, aquilo que há de necessário nas coisas não deriva a sua necessidade de nenhuma outra coisa ou, noutros termos, não é necessário por essência? Neste caso, não haveria nas coisas nem mudança nem contingência, pois, o que é necessário por essência, não podendo, por definição, ser necessário apenas num aspecto, exclui toda espécie de contingência e de mudança e existe de si, com a plenitude infinita do ser. Mas, se o que há de necessário nas coisas não é necessário por essência ou, noutras palavras, se a necessidade do que há de necessário nas coisas é causada, mesmo que se imaginem todas as causas que se desejarem como, por sua vez, causadas elas próprias, ainda será necessário deter-se numa primeira causa que dá a razão de tudo o que há de necessário nas coisas e cuja necessidade não é causada – uma causa primeira que é necessária por essência, na transcendência infinita do próprio ato de existir subsistente por si" (*Caminhos para Deus*, pg. 42/43).

5. Os quatros passos da terceira via: segundo Battista Mondin

1) Designação do fenômeno: a terceira via é tirada do que é possível e do que é necessário (*tertia via est sumpta ex possibili et necessario*);

2) Tematização da contingência daquilo que não possui o ser necessariamente, mas só provisoriamente (daquilo que nasce

e morre), mediante o apelo ao princípio de causalidade: *quod non est, non incipit esse nisi per aliquid quod est* (aquilo que não existe só começa a existir pela ação de algo que existe);

3) Exclusão da hipótese de que, na série de geradores dos entes que têm o ser, provisoriamente, seja possível retroceder infinitamente, sob a hipótese de uma série infinita de seres necessários na ordem da essência, mas não do ser;

4) Conclusão: é preciso admitir a existência de um ser que seja de per si necessário e não tire de outros a própria necessidade, sendo antes causa da necessidade dos outros. A este todos dão o nome de Deus.

Para entender esse argumento, é preciso ter presente a distinção comum nas cosmologias antigas e medievais, onde se reconhecia dupla ordem de entes finitos: entes dotados de natureza incorruptível (desprovidos de matéria, como os puros espíritos, as substancias separadas, os anjos) e entes dotados de natureza corruptível (todas as realidades corpóreas).

Baseado nessa definição, Tomás de Aquino argumenta que nem as realidades evidentemente contingentes na sua natureza (pois, constituídas de natureza corruptível) nem as realidades que de per si são necessárias no que se refere à sua natureza (pois, trata-se de substâncias incorruptíveis) estão em condições de explicar a contingência ontológica da realidade finita, pois, o ser delas tem origem em outros (e não na própria essência). Por isso, é preciso remontar a um ser necessário não causado, causa da realidade e da necessidade de todos os outros entes. A esse ser todos dão o nome de Deus.

No discurso da Terceira Via, há algo que a Física moderna não subscreve: a existência de naturezas incorruptíveis. Segundo a

Física moderna, tudo é corruptível: o universo todo está sujeito à lei inexorável da entropia. Mas isso não afeta em nada o valor essencial da Terceira Via. Mesmo que desapareça a hipótese de naturezas necessárias e incorruptíveis, o argumento funciona magnificamente, pois, permanecem as naturezas corruptíveis, onde a contingência é de uma evidência solar. A contingência, quando questionada até o fim, leva a razão a reconhecer uma origem primeira necessária e incontingente, absoluta: Deus". (*Deus*, p. 235/236).

6. Segundo Pe. Leonel Franca

"Eis, pois, uma primeira averiguação capital: os seres que se oferecem à nossa observação imediata são contingentes: existem, podendo não existir; de sua essência não exigem a atualidade do existir, falecem-lhes todos os caracteres da necessidade, trazem inconfundíveis todos os sinais da contingência. Ora, o ser contingente não é de si plenamente inteligível. Não pode existir sem o ser necessário. É uma simples questão de análise de ideias. Por definição é contingente o que pode existir ou não existir, que, de sua natureza é indiferente ou indeterminado à existência ou não existência. Se existe, pois, o contingente não tem em si a razão de sua existência; do contrário existiria sempre e cessaria de ser contingente. Sua razão de ser não se encontra na própria essência, mas fora dela, noutro ser, do qual depende no existir. A sua indeterminação essencial à possibilidade ou à atualidade só lhe pode tirar um ser necessário de que depende em todo o seu ser. *Toda a contingência metafísica implica de si uma indeterminação fundamental re-*

lativamente ao ser, um inacabamento das condições internas de possibilidade; o objeto contingente, quando é, podia não ser e quando não é podia ser; existente não é simplesmente o ser, mas "tal" ser; inexistente não é simplesmente o nada, pois, permanece ainda possível. Este objeto não apresenta, portanto, por si só, à nossa inteligente as condições lógicas quer de uma afirmação plena quer de uma negação plena; não poderia ser completamente afirmável senão na síntese superior que o referisse a este vértice supremo onde a essência é existência e o possível se identifica com o necessário. (P. MARÉCHAL, *Le point de départ*, t, v. p. 347).

Chegamos à conclusão inelutável: existe um ser necessário, condição essencial da existência indubitável de seres contingentes. A sua natureza já nos vai aparecendo na singularidade de sua plenitude. O ser necessário é o que existe em virtude da própria essência cuja essência mesma é imutável e não tem na sua realidade infinita nenhuma imperfeição – porque toda imperfeição é uma deficiência do ser, pode diminuir a atualidade do que é por própria essência. Uno e único, fora e acima do espaço e do tempo, Ele é o Ser na realidade ou plenitude infinita, Princípio e Fonte de tudo o mais, atual e possível, ponto de repouso necessário e inevitável da inteligência e do ser – Deus" (o. c.)

CAPÍTULO - IV
AS OBJEÇÕES

1ª Objeção

O mundo é eterno e, por isso, dispensa qualquer causa fora dele mesmo. Pois, o que é eterno, é também incriado. Por ser eterno, o mundo contém uma série infinita de causas de modo que cada evento encontra sua causa em outro evento e, assim, em sequência infinita.

Resposta:

Mesmo que o mudo fosse eterno e existisse uma série infinita da casualidade, tanto o mundo eterno como a série infinita de causas postulariam uma razão de ser para ele mesmo e para aquela série infinita de casualidade.

Uma coisa é falar de mundo eterno e outra de mundo necessário. O conceito de mundo ou de matéria necessária implica em contradição nocional. A ideia matéria diz extensão, quantidade, divisibilidade, mutabilidade e variedade, ao passo que a ideia de necessário diz indivisibilidade, imutabilidade, plenitude de perfeição e invariabilidade. Se a matéria fosse eterna, nunca seria necessária. Portanto, mesmo admitindo que o mundo fosse eterno (o que, aliás, a fé bíblica contesta), o argumento mantém seu valor probatório. Pois, não estamos a afirmar que o mundo por ter princípio foi criado. Apenas asseguramos que por ser contingente, então, o mundo é causado. Suposto que fosse eterno, então, desde a eternidade, seria causado.

2ª Objeção

Ensina a lógica que o predicado pode ser atribuído ao coletivo, sem ter aplicabilidade aos membros singulares da coleção. Assim, cada soldado não é o exército, mas a coleção de soldados perfaz o exército. Daí porque, embora cada ente singular do mundo não seja um ser em si, contudo, a soma total dos seres singulares perfaz a série infinita de causas autossuficientes.

Resposta:

Distingo o antecedente da objeção. Nego que o predicado válido para o coletivo não tenha aplicabilidade parcial e incoativa nos membros singulares. Concedo que, no exemplo dado, o predicado pode ser atribuído às partes de modo não pleno, mas só incoativamente.

Porém, na questão de contingência das realidades do mundo, a insuficiência das partes é plena e total. Nem sequer, em parte ou incoativamente, pode o ser contingente explicar a sua própria razão de ser não absoluto. Portanto, a soma do menos dá sempre menos em lógica e em matemática.

3ª Objeção

Que o mundo seja eterno e incriado pode ser provado do modo seguinte: a) o conceito de criação a partir do nada (*criatio ex nihilo*) é algo de inconcebível e absurdo; b) segundo a lei da constância da matéria e da energia, conclui-se que elas não resultaram de ato criador nenhum.

Resposta:

Que o conceito de criação é absurdo, nego; que não temos como formular uma ideia de criação, subdistingo: não temos uma ideia própria de criação, concedo; não temos como propor uma ideia análoga, nego.

Quanto à lei da constância da matéria e da energia, seja esta ponderação: a referida lei edita que nada de novo pode aparecer dentro do sistema das forças da natureza, concordo. Que nada de novo possa emergir fora do sistema da natureza, nego. Pois, a criação, ato privativo do poder absoluto, opera fora e além das leis da natureza.

4ª Objeção

Não é lícito inferir a existência do Necessário a partir da análise dos seres contingentes. Logo, do exame das criaturas não se pode chegar à existência de Deus.

Resposta:

Nego, de pronto, a assertiva. Quanto ao seu fundamento, distingo. As coisas contingentes não contêm a existência divina como constitutivo ontológico delas, concedo. Não contêm demonstração em nível lógico de modo a operarem como causa de demonstração para a existência divina, nego.

5ª Objeção

Deus é um ente transcendente. Ora, o ente transcendente não pode ser captado nem demonstrado por nós.

Resposta:

Distingo a maior: que o transcendente excede a ordem ontológica das coisas criadas, concordo; que exceda a capacidade cognitiva do ser criado, nego. Deus é acessível, cognotivamente, ao ser inteligente, já que Ele é um ser e o ser como tal se constitui em objeto próprio e formal do conhecimento humano.

6ª Objeção

Os materialistas professam não ter validade o apelo para um Ser Necessário, transcendente, distinto do mundo e pessoal. Basta pensar a matéria como eterna e necessária e a explicação para tudo está dada de modo definitivo. Como efeito, dizem, para que pensar longe, quando a solução está tão perto?

Resposta:

É, realmente, uma solução simples e até econômica em termo de raciocínio, mas a nossa inteligência ficaria amesquinhada e insatisfeita. Quem diz materialidade apenas fala de extensão, divisibilidade, multiplicidade e variação no tempo e no espaço. Diz também algo que não inclui o próprio existir. Ora, afirmar que a matéria é em si necessária equivale a formular uma contradição de termos que se repugnam e por isso são inconciliáveis entre eles. O questionamento em torno do Necessário surge, precisamente, porque a materialidade não se explica por si. Assim, suposto fosse eterna a matéria, igualmente eterna seria a sua insuficiência perante nossa inteligência. A questão de fundo permaneceria intocável, a saber, a matéria não se justifica por si. Se, além disso, a matéria recebesse o atributo de necessária, como fugir da contradição do ser, ao mesmo tempo, perfeito e imperfeito, mutável e imutável, indeterminado e determinado? Eis porque a razão põe o Necessário como resposta, já que só o Ser Necessário, uma vez identificado como a atualidade do existir, diz também perfeição absoluta, determinação acabada e completa, cuja invariação dispensa qualquer nova instância de justificativa.

7ª Objeção

Emanuel Kant rejeita o valor da prova pela contingência. Para Kant o argumento da terceira via nada mais é que uma simulação do argumento ontológico de Santo Anselmo. Pois, aí, o raciocínio transita, indevidamente, da ordem lógica ou das ideias para a ordem real das coisas. Kant explica: da proposição todo ser necessário é perfeito, conclui-se, por jogo de conversão, que algum ser perfeito é necessário, é necessário. Logo, Deus existe.

Resposta:

Santo Anselmo, realmente, partindo do conceito de perfeição, analisa e desenvolve o conteúdo nocional. O erro dele foi passar do plano das ideias para o da realidade. Ele se esqueceu de que todas as deduções, na ordem das ideias, são verdadeiras para a ordem das realidades extramentais e objetivas só de modo hipotético. O ser perfeito só existe na ordem dos fatos, desde que os fatos referendem tal perfeição. Isto é, o ser perfeito existe realmente, se é que, de fato, ele existe na realidade.

A posição da terceira via é diversa da de Santo Anselmo. O ponto de partida, aqui, é a realidade. Com efeito, a contingência das coisas é constatada por todos. A insuficiência dos seres salta à vista. Daí, mediante o processo de inferência, chega-se ao conceito de Necessário como condição real e indispensável da existência efetiva do contingente. A seguir, pelo procedimento analítico de conceitos, é feita a passagem do Necessário para o ser Perfeito. Todavia, esta correlação lógica entre as duas ideias de necessário e de perfeito, que se implicam de modo essencial, só é feita após ter sido relacionado o conteúdo de Necessário com a ordem das realidades extramentais das coisas. Destarte, o rigor demonstrativo do argumento não conflita com a Lógica que proíbe passar dos níveis das ideias para os fatos. De mais a mais, a prova para a existência de Deus não violenta as regras lógicas da suposição dos termos.

Juan Manuel Dorta-Duque (*En torno a la existencia de Dios*) esclarece: *Una vez que se demonstra la readad objetiva del conceto, nada impide que podamos llegar a um uterior desarrollo del concepto "ser necessário". Entonces es cuando "a priori" podemos legalmente deducir la naturaleza y los atributos de un ser cuya realidad se ha probado ya "a posteriori"* (o. c. p. 204).

Eis porque o argumento da contingência demonstra, rigor irrepreensível, a existência real de Deus.

Veja o leitor o erro de Santo Anselmo. Ele raciocinava assim: "Deus, devendo ser o Ente Perfeitíssimo, inclui no seu próprio conceito a existência. Logo, Deus existe realmente, não só em nosso pensamento, mas também na realidade e fora da nossa mente". Eis, aí, o salto de um plano para o outro. Das ideias ele quer chegar ao mundo das coisas. Santo Anselmo teria evitado esse paralogismo tão polêmico, se tivesse dito: "Deus, se existe na realidade, existe de per si, necessariamente, ou seja, por força da existência mesma e não como efeito de causa". A formulação hipotética salvaria o rigor do seu raciocínio. A seguir, para provar que Deus existe na realidade deveria construir outro argumento com base em fatos concretos da realidade extramental. Partir, por exemplo, da contingência das coisas reais e concretas como faz S. Tomás de Aquino. Aliás, este tem sido nosso procedimento para não ferir as leis da Lógica. Afirmamos que coisas contingentes, realmente, existem, dependem, necessariamente, de uma causa real e não contingente. Dado o fato de existir algo de contingente, então, o raciocínio se depara com a evidência de constatar algo de necessário sem o qual o contingente não teria sua razão de existir. Poder-se-ia formular o raciocínio, assim: Se existem coisas contingentes, existe, então, o Ente Necessário; ora, as coisas contingentes, existem de fato; logo, existe de fato o necessário. Como se vê, a menor do argumento perde o valor hipotético. Assim, todo o raciocínio se apoia sobre o terreno da mais sólida realidade.

8ª Objeção

O argumento da terceira via se fundamenta na correlação lógica entre a existência do contingente e do Necessário. Afirma que, se existe um ser mutável, existe o imutável. Daí se tem por apodítico o processo racional para provar a existência de Deus. Ora, fosse, assim tão evidente o raciocínio por quê nem todos os intelectuais se dobram diante da força convincente dessa demonstração analítica?

Resposta:

Apresentamos, aqui, a resposta de Leonel Franca (o. c., p. 217) para presente objeção: "A força convincente de uma demonstração analítica se acha, naturalmente, condicionada pelo vigor nativo de cada inteligência e por um desenvolvimento deste vigor por um esforço de cultura. Se afirmais, para tornarmos um exemplo fácil, que na definição de circunferência se acha envolvida a incomensurabilidade do Π – não perceberá a certeza desta afirmação quem não tenha estudado geometria, ou, estudando-a, não tenha compreendido a demonstração dos teoremas que a estabelecem vitoriosamente. Também no domínio da filosofia, uma robustez de inteligência e uma cultura de estudo condicionam, naturalmente, a percepção das evidências mais altas. Mas uma coisas é o valor intrínseco de uma demonstração racional, outra a percepção contingente deste valor por esta ou aquela inteligência".

9ª Objeção

O argumento prova, sim, que, além das coisas contingentes, há de existir alguma outra coisa de necessário. Porém, não logra provar que tal ente necessário tenha que ser o Primeiro Necessário, distinto do mundo e perfeitíssimo, sendo por isso causa única exclusiva de todos os entes possíveis.

Resposta:

O argumento exige que o Necessário esteja acima e fora de qualquer explicação ulterior. Se por sua vez o necessário for passível de justificativa por outro necessário, então, já não seria necessário no sentido pleno da palavra.

Uma vez estabelecida a exigência do Necessário, os atributos do Ser Necessário são intercambiáveis. Basta atentar para a análise conceitual. O conceito de Ser Necessário tem a mesma compreensão que os conceitos de Causa Prima Incausada e de Primeiro Motor. São, afinal, atributos que se implicam mutuamente porque são predicados do mesmo sujeito. O Ente por si necessário não pode ser causado nem movido por outro. Por isso, o ser Necessário é igualmente Incausado e Imóvel. Ele é, então, necessariamente causa e motor de tudo. Portanto, os conceitos causalidade, necessidade, imobilidade são, essencialmente, conexos entre eles. Ainda mais. São conceitos equivalentes.

10ª Objeção

Poder-se-ia evitar a conclusão a favor da existência de um ser único e necessário em si, estabelecendo como fundamento de tudo no universo das coisas visto como conjunto de todas as realidades. Admitindo que tal conjunto seja universal e eterno, fica dispensado o raciocínio causal. Pois, o que é eterno não é causado. Assim, pensava David Hume (no *Diálogo sobre a religião natural*).

Resposta:

Preliminarmente, seja observado que a hipótese de um mundo existente desde toda a eternidade pode até ser aceita. Porém, sob uma condição, a saber, desde que relacionado com uma causa eterna e onipotente que opera fora do espaço e do tempo. A mera hipótese, portanto, de um universo *ab aeterno* não conflita com a ideia de Deus. É fácil demonstrar que os conjuntos das realidades contingentes nunca perfazem a função do necessário nem que tal conjunto fosse projetado até o infinito. Pois, uma série de entes contingentes e relativos, mesmo que fosse sem começo nem fim, nunca, vai se constituir em Ente Necessário e Absoluto. Garrigou-Lagrande comenta a propósito: *Uma série sem fim de idiotas não faz um homem inteligente. Assim, também uma série infinita de minerais não faz um só vegetal.*

11ª Objeção

O universo é regido por leis necessárias. Essas leis explicam os fenômenos contingentes. Logo, não há porque apelar para a existência do Necessário.

Resposta:

Lei em Física e Química é uma abstração mental daquilo que acontece na estrutura dos fenômenos da natureza. A lei expressa apenas a contingência intrínseca dos seres. Quando se diz que a lei revela uma necessidade de comportamento, tal necessidade é relativa porque requer ainda uma explicação da natureza que ela espelha. Portanto, a necessidade que tais leis expressam encontra sua explicação em outra fonte de absoluta necessidade. É, ai, que o argumento trabalha.

12ª Objeção

Outra alternativa para desbancar o apelo para o Necessário, foi proposta por Henry Bergson. A seu ver, na hipótese de que o universo está em perpétuo dinamismo de vir a ser, tal devir seria o seu necessário absoluto.

Resposta:

Bergson ignorou que o vir a ser nada mais é senão passagem de potência para ato. O devir, enquanto realidade que muda e evolui, implica contingência. Aliás, é sinal dela. Nada que fosse necessário poderia vir a ser. A expressão bergsoniana "evolução criadora" só tem sentido como passagem da potência para ato. Aliás, o termo evolução conota a ideia de imperfeição e de progresso. Ora, a contingência é bem a imperfeição do ser. Se a fórmula evolução criadora nada significa de aquisição de algo novo, mas apenas declara que o existente se revela sem o processo de mutação e de movimento, então, Bergson está fantasiando ou fazendo poesia.

13ª Objeção

Eduardo Le Roy, repetindo Schiller, na primeira década do século retrasado, enfrentou os filósofos teístas com uma objeção célebre. Le Roy tenta invalidar a existência de um Necessário nestes termos: *Representar a não existência de tal ou tal objeto, passe; mas não é possível conceber ou simplesmente imaginar a não existência do Todo* (in *Le problème de Dieu*, p. 27). Vale dizer. A contingência não se aplica ao total do universo. Qualificar um fato ou algum ente como contingente é mero produto de nossa capacidade de abstração mediante a qual separamos a parte de um todo no qual está integrado. Uma vez descolado do conjunto a singularidade de cada ente configura contingência. Porém, tal modo de ver e analisar resulta de uma mera ilusão. Pois, dentro do conjunto, tudo é regido pela necessidade. As leis da natureza, sendo necessárias e determinísticas regem todo e qualquer fato ou ente. Nada ocorre fora ou além do previsto pela natureza. Eis porque a contingência não é real, mas só aparente.

Resposta:

O conceito de contingência nada tem de uma pura elaboração mental. É, sim, a expressão radical das coisas. Elas começam a existir e muitas delas deixam de existir. São fatos da realidade observável. Ora, dizer contingente é dizer imperfeição no ato de existir. É dizer dependência em face de uma causalidade poder existir.

Assim, é afirmada, por inferência lógica, a realidade da Causa criadora como sendo Ente Necessário que responde pelo mundo das realidades concretas. Não seja esquecido que a recusa ao caráter contingente e precário dos fatos e dos entes singulares reforça a percepção monista de modo geral e da panteísta em espécie. Para tais correntes só existe uma única substância. Ela, sim, é absolutamente necessária. Sendo única, então, as diversas manifestações entitativas apenas refletem modos particulares de aparente precariedade. Aliás, B. Spinoza em (*Ethica ordene geometrica demonstrata, pars I* prop. 33) insiste na ilusionice da percepção de contingência. Bem por isso ele é o patriarca do moderno panteísmo.

CAPÍTULO - V
OS ATRIBUTOS DIVINOS QUE DECORREM DA TERCEIRA VIA

1. Posto que o ser Necessário não pode ter principiado nem é passível de cessar de existir, então, Ele detém o ser sem limite seja em nível cronológico seja em nível ontológico. Como Ente Necessário ele exclui o início e o término na linha do existir, sendo por isso o Ente Eterno.

2. Necessário é o ser que, por possuir a existência sem limite, está em posse da mesma de modo pleno e total.

3. Por excluir de si a ideia de mutação, o Ente Necessário é também um ser simples enquanto não inclui qualquer tipo de composição ou partes.

4. Consequentemente, o Ser Necessário é imutável, infinito e total.

4.1. Imutável porque desfruta da imutabilidade. De fato, Ele, sendo por si, é sempre toda a sua atualidade, porquanto sua essência diz ser e não potencialidade ou possibilidade de ser.

4.2. Infinito porque nada o limita. Sua autonomia não tem limites.

4.3. Ele é Ser na plenitude atualizada, contendo como suas todas as perfeições.

5. Enquanto qualquer outro ser poderia não ter existido, só Deus é "aquele que é". Pois, só Ele existe por si e só Ele comunica aos demais entes a razão de ser, dando-lhes a existência.

6. Deus é o ser necessário e por isso Ser Puro e a perfeição absoluta.

CONCLUSÃO

A terceira via deixa em evidência não só a fragilidade ontológica dos seres acessíveis à nossa experiência, mas ainda revela que Deus atua no ser mais íntimo das coisas. O ato de existir é bem o que toca o núcleo da intimidade de um ser na sua mais ostensiva realidade, já que é pelo existir que o ser é inteira e completamente o que é. Aí, é que Deus atua como causa própria e principal. Pois, nos seres criados, a existência é um efeito, aliás, o mais universal de todos, que se refere à causa universal de modo próprio: *Esse est proprius effecti Primi Agentis* (C. G. 3, 66). Vale dizer: "Existir é o efeito mais imediato do Primeiro Agente".

Deus como plenitude do ser opera em todo ser a fim de produzi-lo e conservá-lo como contingente. A menor parcela de ser contingente é sinal de sua presença imensa e operativa. Consequentemente, a presença de Deus é tão real quanto real é o existir de qualquer coisa por mínima que seja.

Consequentemente, o ser humano seja ele bom ou mau, santo ou pecador, vive, de contínuo, na presença ativa de Deus como Pai e Criador de tudo e de todos.

QUARTA PROVA

PELOS GRAUS DE PERFEIÇÃO

ÍNDICE

CAPÍTULO I - ELEMENTO INTRODUTÓRIO À QUARTA VIA.........219

1. Texto de Tomás de Aquino
2. História deste argumento
3. Ponto de partida do raciocínio
4. A força probatória deste argumento: a causa exemplar
5. Pressuposto filosófico desta prova

CAPÍTULO II - ANALISE DO CONCEITO DE PERFEIÇÃO...................................225

1. Os tipos e graus de perfeição
2. Os graus de perfeição no ser
3. Graduação e perfeição máxima
4. Princípio da causa exemplar
5. O grau máximo de perfeição é a causa das demais perfeições
6. Outro modo de enfocar a causalidade
7. O limite da perfeição simples
8. A graduação de perfeição já revela que os seres não são por essência a própria perfeição
9. O fenômeno da contingência nas perfeições simples e não mistas

CAPÍTULO III - ARGUMENTO A FAVOR DA EXISTÊNCIA DE DEUS EM BASE AOS GRAUS DA PERFEIÇÃO SIMPLES OU TRANSCENDENTAL..................234

1. O argumento sob o prisma dos graus de perfeição da inteligência
2. O raciocínio a partir do grau limitado da nossa inteligência
3. O mesmo argumento em base da bondade:
o impulso natural para o infinito
4. Procedimento do argumento em base à bondade das coisas
5. Outro modo de proceder, partindo dos desejos
e aspirações do coração humano
6. O argumento pelos graus de perfeição em formato silogístico
7. Prova da maior
8. Prova da primeira parte da menor
9. Prova da segunda parte da menor
10. Outra formulação do mesmo raciocínio
11. Demonstração da menor
12. A perfeição finita postula um ente infinito na sua
linha de perfeição a fim de explicar a sua produção
13. O ser por si infinito só pode ser um único
14. Síntese do argumento segundo Aristóteles
15. Síntese do argumento segundo Tomás de Aquino

CAPÍTULO IV - SÍNTESES CLÁSSICAS DO ARGUMENTO A FAVOR DA EXISTÊNCIA DE DEUS COM BASENOS DIVERSOS GRAUS DE PERFEIÇÃO....244

1. O argumento na formula dada pelo professor Cardeal Dezza
2. A mesma prova pelo magistério de Igino Guardani
3. A quarta via na elucidação didática de Batista Mondim
4. Segundo Jacques Maritain
5. Segundo João Ameal, na biografia de Tomás de Aquino

CAPÍTULO V - OBJEÇÕES CONTRA A QUARTA VIA...248

CAPÍTULO VI - ATRIBUTOS DIVINOS ORIUNDOS DA QUARTA VIA...............250

1.- Deus como primeira e suprima inteligência
2. O procedimento lógico dessa outra escalada até Deus é seguinte
3. Deus como amor supremo e bondade máxima

CAPÍTULO I
ELEMENTO INTRODUTÓRIO À QUARTA VIA

1. Texto de Tomás de Aquino (Summa Theologica, q. II. a 3):

"A quarta via parte dos graus de perfeição coisas. É um fato que nas coisas se encontram o bem, o verdadeiro, o nobre e outras perfeições semelhantes, em grau maior ou menor. Mas o grau maior ou melhor se atribui às diversas coisas conforme aproxima-se mais ou menos de algo que é máximo. Assim, mais quente é aquilo que se aproxima do maximamente quente. Há, portanto, algo que é maximamente ente supremo, ótimo, nobilíssimo. Por conseguinte, Ente Supremo, porque, como diz Aristóteles, aquilo que é maximamente verdadeiro é também maximamente ser. Ora, aquilo que é máximo num determinado gênero é causa de todos aqueles que àquele gênero pertencem, como o fogo, quente no máximo grau, é causa de todo o calor, como diz o mesmo Aristóteles. Existe, portanto algo para todos os entes que é causa do ser, da bondade e de qualquer perfeição. A este chamamos Deus". (S.T.I, q. 2, 2 a 3). Este argumento pode ser lido também na *Contra Gentiles*, (L. I. cpt. 18, nº 4. c.).

2. História deste argumento

Apraz destacar, aqui, que o presente argumento, recupera um dos aspectos positivos do Platonismo. Gratuita, portanto, a acusação de que os argumentos teístas são de cunho unilateral ou seja aristotélico. Não. As duas maiores percepções filosóficas comungam do mesmo ponto de convergência: Deus realmente existe. Por isso, Tomás de Aquino presta homenagem ao gênio de Platão, sacramentalizando esta conquista realizada pelo platonismo.

A essência da filosofia de Platão está na descoberta do processo de participação absoluta, "per se". O que é belo, bom, vital está em relação participativa com aquilo que é Belo, Bom e Vital por si. Essa dialética da participação constitui o núcleo dos seus livros dialogantes: "Convívio", e "Fedro". Também na obra "República". Em suma, o que é menos está referido àquilo que é o mais. Platão demonstra que o potencial, o parcial, o imperfeito clama pelo que é perfeito, total e plenitude em si.

A seguir, este argumento foi assumido por Agostinho de Hipona, Boécio, Anselmo, Tomás de Aquino e por tantos outros pensadores de peso e renome, na área do cristianismo.

Depois de Descartes, o mesmo argumento foi proposto, no século passado, por Marcel, Lavelle e outros mais.

3. Ponto de partida do raciocínio

Preliminarmente, devemos conceituar o que é perfeição. Entende-se por "perfeição" uma forma de ser.

Os seres, já que finitos, são todos limitados em sua própria essência. Cada um encerra uma parcela de ser. Uns mais, outros menos. Nenhum deles nem o conjunto de todos encerram a plenitude de ser. Esta prova parte da constatação experimental segundo a qual existe uma multiplicidade de perfeição nas coisas deste mundo. Essas graduações diversificadas de perfeição revelam aspectos e níveis de perfeições finitas que implicam um modo não finito de ser e de realizá-las plenamente. Através dos princípios da causalidade, tais se perfeições nos deparam como reflexos de um esplendor absolutamente perfeito.

Da consideração das perfeições finitas, a nossa razão ascende, diretamente, ao Ente perfeitíssimo em todas as linhas de perfeição. Os graus de perfeição, nas coisas deste mundo, não só sugerem um grau máximo de perfeição, mas ainda exigem e postulam, de modo cogente, a existência de um Ente Perfeitíssimo e Absoluto. Isso porque a respeito do conjunto dos seres finitos e contingentes, a nova inteligência exige uma explicação cabal para a finitude em sua multiplicidade de tantas modalidades.

Seja aqui observado o aspecto de certa dificuldade intelectiva desta quarta via. Este é o argumento mais difícil, mas nem por isso menos convincente.

4. A força probatória deste argumento: a causa exemplar

A força probatória desta quarta via reside na seguinte proposição, aliás, evidente em si: toda série composta de mais e de menos traz a implicação de algo que é o mais. Aquilo que for o mais, na escala ou série, opera como causa exemplar, já que serve de referência derradeira para se estabelecerem os graus inferiores de certa perfeição. Ora, aquela causa última, afinal, ou é causada ou incausada. Se ela própria for causada, a sua perfeição deriva de outro ser. Assim, chega-se a uma primeira e suprema causa que tem a perfeição por si ou por essência. Como se percebe, o princípio da causalidade exemplar se articula como exemplar se articula com o princípio da causalidade eficiente.

5. Pressuposto filosófico desta prova

A fim de precaverem mal-entendidos e alicerçar bem o fundamento filosófico do presente argumento é de suma importância reter, desde o principiar desta reflexão, que "mais" e "menos", na ordem predicamental, direta e imediatamente não postula a existência do Ente Máximo e Absoluto. Bastaria que existisse um máximo relativo. Porém, indiretamente e mediatamente, onde existe "mais" e "menos", aí, necessariamente, sobrevém o máximo absoluto, já que, onde existe a "parte", aí, necessariamente, existe o "todo".

Pois, o "mais" e o "menos", na ordem predicamental, se distingue do "mais" e do "menos" na ordem transcendental tal como o implícito se distingue do explícito e o conceito de homem se distingue do conceito de ser. Aliás, os predicamentos ingressam no plano da transcendência porque passam pelo conceito análogo de ente, de ser. Eis a razão porque Tomás de Aquino conduz o raciocínio em nível da existência e da transcendência, ou seja, na ordem existencial e na ordem transcendental. O texto não deve ser lido na pauta da ordem essencial como versando sobre mero predicamento. Isso não. Pois, as essências são imutáveis e não admitem graus. Não há como pensar em grau maior ou menor o homem, o cavalo ou o triângulo. Igualmente, na ordem predicamental, não há como falar de mais ou menos "qualidade", "relação" ou "extensão" ou "lugar". Não tem sentido falar de uma "extensão" máxima para explicar determinada extensão.

Unicamente o "ser" como tal ("esse") e tudo que se converte no ser pode receber "mais" e "menos".

Eis que o "mais" e o "menos", na ordem predicamental, em última instância, se reduz à ordem transcendental. As coisas que são "mais" e "menos" como o (*quantum*) não são maiores e menores enquanto essencialmente (*quantum*) e, sim, porque existem como tal e tal (*quantum*). Isso está a dizer que são maiores ou menores porque são entes (*entia*), isto é, seres determinados e concretos.

Daí porque é necessário reduzir todo "mais" e "menos" na ordem predicamental à ordem transcendental do "esse", isto é, do existente como tal. Também é necessário seja em qual ordem ou modalidade que "mais" e "menos" apareçam, reduzir à ordem do ente existente. Somente, assim, tem sentido referir o "mais" e o "menos" a um existente Máximo (*Ens Maximum*) do qual promana qualquer realidade mais ou menos perfeito em relação a ele.

Com efeito, do argumento resultará que o Máximo Ente exclui "o menos" e "mais" porque exclui a parcialidade. Esta contém menos "ser" que o total. Exclui a potencialidade. Esta contém menos "ser" que o total. Exclui a potencialidade porque a potência encerra menos ser que o ato puro. Exclui o imperfeito porquanto este contém menos ser que a perfeição. Exclui a composição, já que o composto implica menos unidade intrínseca que o simples. Exclui a limitação porque o limitado diz menos participação na ordem do existir. Exclui ainda a relatividade porque esta é menos ente que o complexo relacional do qual ela é apenas parte ou termo.

Como se verá, Deus é o Ente Máximo, Absoluto, Infinito, Perfeitíssimo, uno, Ato Puro, Totalidade Simples e Primeira.

A explicação genial deste argumento pelo magistério de Marcolino Daffora, no texto *Dio*.

"As perfeições que motivam a presente reflexão são aquelas denominadas transcendentais. Aquelas que atuam, em medidas diversas, em todas os gêneros de existentes. São perfeições em sentido absoluto, já que não incluem, em seu conceito próprio e essencial, imperfeição, potencialidade e limite. Tais perfeições são: ser, unidade, verdade, bondade, vida, etc. Assim também a inteligência, a vontade, a liberdade, a sabedoria, a justiça, a misericórdia, etc. O conceito próprio destas "nobrezas" é simplicíssimo, é atualidade que não inclui por si e necessariamente algo de heterogêneo ou mistura, quando, ao invés, outras. Perfeições incluem, em seu conceito, limites seja de materialidade seja de potência como, por exemplo, as sensações físicas e corpóreas e o ato de raciocinar, etc."[1].

Marcolino Daffara, continua na sua importante elucidação:

"A realização daquelas perfeições "íntegras" é suscetível de graus infinitos. Esta prova de Sto Tomás se funda na constatação que, no mundo, elas se encontram de fato em graus diversos na variedade das coisas, em medida de mais e de menos. Isso está a dizer que se existe o mais e o menos, então, deve existir, necessariamente, o máximo, isto é, a perfeição relativa evoca a perfeição absoluta".

A quarta prova não poderia ter como base as perfeições ditas mistas. "Estas implicam, no seu conceito próprio e essencial, imperfeições e limites. Assim, a sensibilidade e a racionalidade. Enquanto, a primeira implica no seu conceito a matéria e exclui o espírito, já que sentir é algo de físico e corpóreo. Ao invés, a segunda diz conhecimento intelectivo e por isso espiritualidade, mas trata-se de um conhecimento progressivo que procede a partir de princípios para atingir conclusões. Portanto, é inapto para alcançar o conhecimento pleno de seus objetos mediante um ato simples de conhecimento".

---

1 Marcolino Daffara - Dio, esposiane e valutazione delle prove.

CAPÍTULO II
ANALISE DO CONCEITO DE PERFEIÇÃO

1. Os tipos e graus de perfeição

Há, com efeito, dois tipos de perfeição: as simples e as mistas. As perfeições simples querem as transcendentais quer as outras não transcendentais, nada implicam de imperfeição: (*Absolute perfectionem absque defectu designant*, C. G. 1,30), Isto é, indicam a perfeição de modo absoluto, sem mescla de defeito. São perfeições sem mistura de imperfeição.

Entre as perfeições simples sejam distinguidas duas categorias: as transcendentais e as não transcendentais. As transcendentais são aquelas que se convertem com a própria noção de ser. Elas qualificam o ser com tal. Identificam com todos os gêneros de realidade. São perfeições que todo ser possui, pelo menos, em algum grau. De outro lado, são perfeições em sentido absoluto porque não incluem, em sua noção própria e essencial, nada de imperfeição, de limite, de finitude ou de potencialidade. Assim, as perfeições de "ser", de "unidade", de "verdadeiro", de "bondade" e de "beleza".

Aliás, a unidade, a bondade, a verdade e a beleza expressam, fundamentalmente, uma e mesma realidade: o ser das coisas. Pois, tanto há de unidade, de bondade, de verdade e de beleza nas coisas quanto há de entidade real. A unidade exprime a entidade como algo de indivisível em si mesma, isto é, enquanto consistência da mesma entidade. A bondade é a mesma entidade indivisa enquanto perfeição que é apta para aperfeiçoar e por isso apetecível. A verdade traduz esta mesma realidade enquanto inteligível e entendida, segundo está na mente que a pensa. A sua beleza consiste em ser motivo de admiração. Ora todos esses conceitos nada acrescentam à realidade do ser, apenas explicitam sua riqueza múltipla.

A par destas perfeições transcendentais, há as perfeições simples não transcendentais. Estas não convêm nem se aplicam a todo ser. Porém, de per si, elas não implicam imperfeição ou limite. Por isso mesmo podem ser estendidas até o infinito. Assim, à vontade, a justiça, a misericórdia, a liberdade, a sabedoria, etc. Esses conceitos não reclamam nem conotam limites. Nada neles que designa materialidade, potencialidade ou confim. Nada neles que impõe mediação ou participação.

Ao passo que as perfeições mistas implicam, no seu conceito próprio e essencial, imperfeição e limite, a sensibilidade, por exemplo, inclui em seu conceito próprio, a materialidade, já que o corporal e o sensível pertencem à matéria e esta é limitada. A racionalidade é outra perfeição limitada. Ela diz, de um lado, conhecimento intelectivo, e, por outro, denota conhecimento que não atinge, direta e imediatamente, a inteligibilidade dos objetos. Embora a "racionalidade" seja uma perfeição mista, a "inteligência", pertence ao grupo das perfeições simples. O limite da inteligência consiste no fato de estar atrelada ao procedimento lógico da razão.

As perfeições mistas não instauram, nas coisas, graduações. Elas não possuem graus de realização. A sensibilidade só se manifesta nos seres compostos de materialidade corporal. A racionalidade atua nas formas espirituais. É o limite de tais perfeições estanques e sem graduações progressivas. Elas são apenas comuns a seres da mesma ordem. Por isso Deus é inteligente, não racional.

Sejam ainda os exemplos da grandeza e do espaço. A grandeza varia em relação ao átomo e à galáxia. Porém, jamais atinge uma unidade perfeita, já que todo ser extenso, através do espaço, inclui partes quantitativas e a extensão é própria da materialidade. A matéria é sempre limite de perfeição porquanto supõe partes contíguas e justapostas. A parte é sempre limitada e finita. Portanto, não existem graus de grandeza ou de espaço. Não tem sentido falar de uma grandeza infinita. Tal conceito é contraditório.

2. Os graus de perfeição no ser

A perfeição fundamental e a mais simples de todas é a do "ser". Esta perfeição do ser como tal está realizada, em intensidade variada, nas diversas substâncias que operam como sujeito ou suporte de outras perfeições, as acidentais. Assim, o homem constitui um grau inferior à do vegetal. Por sua vez, o animal mal é menos que o homem de perfeições dos seres inanimados e animados, em grau superior: ele é substância viva sensitiva e intelectiva. Mas a sua capacidade de raciocínio é limitada. Nosso raciocínio progride por etapas, é discursivo. Isso já sugere um tipo de inteligência mais perfeita e mais ágil. A inteligência intuitiva representa um grau superior em relação à discursiva precisamente porque ela é uma perfeição simples e não mista.

A bondade, outra perfeição simples e fundamental está radicada no ser e identifica-se com ele. Mas é predicada a título diverso e em grau variado das diversas coisas que a realizam. "Bom" (*bonum*) é aquela perfeição do ser enquanto o ser é apetecível, desejável. Assim, o alimento é bom. Também a fruta, o repouso, a saúde, etc.

Todas aquelas coisas são boas porque desejáveis e porque deleitam. Outras são boas porque úteis, servem como meio para se obter algum fim bom. Outras são boas em si como um bem realizado "o bem honesto". Assim, a perfeição dos bens úteis, deleitáveis e honestos passa por uma graduação escalonada. O mesmo se pode dizer de todas as demais perfeições transcendentais como a unidade, a verdade e a beleza.

Importa ter presente que algo só tem perfeição enquanto está ou existe em ato, enquanto é de fato (*est actu*). Assim ser e existir ("esse") designa o fundamento de toda e qualquer perfeição. Realmente, certa perfeição, enquanto existe efetivamente, não pode ser concebida distanciada ou sem referência a um sujeito ou suporte. A perfeição só é, enquanto inerente aderir no sujeito, fazendo-o tal ser. A sabedoria passa a ser uma perfeição qualificada de Pedro, não enquanto está distante dele e, sim, enquanto unida a ele e fazendo um ser tal, isto é, sábio. Daí porque a perfeição há de ser sempre atribuída a algum ser (*esse*) ou ente (*ens*). Ela é, afinal, um certo modo de ser. Pertence, afinal, sempre à ordem existencial. Por estar na ordem existencial, toda e qualquer perfeição entra em conexão com a ordem transcendental do ser como tal (*ens ut tale*).

Posto que a perfeição deve ser entendida como um modo de ser (*modus essendi*), daí se conclui que onde existe perfeição diminuta sem que esteja, igualmente, diminuída a mesma perfeição em nível de ser ou existir, aquilo que excede as demais coisas na linha daquela perfeição, necessariamente, será mais no próprio ser. É mais que as demais.

3. Graduação e perfeição máxima

O mais e menos conotam uma aproximação na linha de outra perfeição maior.

Este princípio é que faz a ligação entre o ser limitado e o Ente-limitado. Isso quer dizer: das coisas boas, verdadeiras, unas, sábias, etc., é razoável elevar-se àquele Ente que é, sumamente unidade, bondade, verdade e sabedoria.

Nada de sofisma nesta passagem. Ela se apoia no princípio segundo o qual é compreensível que a multiplicidade de graduações na linha de uma perfeição chega a um princípio de polarização em referência ao qual, as coisas mais e menos distantes, denominam-se relativamente perfeito sem conceber, ao mesmo tempo, um ser perfeitíssimo e situado no topo daquela linha. Aliás, só o uno pode explicar a unidade que se encontra nas demais coisas. Só o perfeitíssimo pode explicar a perfeição variada e difusa nas coisas. Com efeito, só existem coisas mais e menos iluminadas porque existe uma única fonte da luz, a saber, do sol.

4. Princípio da causa exemplar

Salta então aos olhos que o Ente perfeitíssimo opera a guisa de causa exemplar relativamente a todos os seres perfeitos. Sua perfeição ilimitada se estende para abarcar todas as coisas inferiores a ela. Opera como modelo das coisas mais ou menos perfeitas. Afinal, o fim dessas perfeições é de se assemelharem ao modelo. Tudo quanto uma perfeição não absoluta contém nada mais é do que reflexo e imitação da perfeição absoluta.

5. O grau máximo de perfeição é a causa das demais perfeições

Aqui, impõe-se outro princípio: aquilo que está no topo de uma linha de perfeição é a causa das demais perfeições do mesmo gênero. Do princípio da causalidade exemplar se transita, então, para o princípio da causalidade eficiente. Nada irregular ou gratuito na passagem de um princípio para outro. Pois, se as coisas participam de uma perfeição é sinal de que são seres contingentes. Logo, são realidades causadas. Se causadas, afinal, dependem de uma fonte suprema e única que a causa sem ser, por sua vez, causada por outra. Assim, em se tratando da bondade, o supremo grau desta perfeição, por ser a causa exemplar e eficiente de tudo o que há de bondade nas coisas, é um ponto culminante que está situado acima e além de qualquer série infinita de todos os graus possíveis de bondade. Alem de ser um grau máximo é realidade transcendente por ser a Bondade que subsiste por si mesma.

É de ter-se presente que a causa suprema e transcendente possui tudo o que há de ser e de perfeição na causa inferior, mas de modo virtual e eminente e não materialmente (*formaliter, eminenter, sed non materialiter*).

6. Outro modo de enfocar a causalidade

Aliás, ao princípio da causalidade também se chega pelo raciocínio seguinte. Tudo que é composto e limitado é causado. Ora, as coisas que participam em grau variado de certa perfeição, são compostas e, por isso, limitadas. Logo, são também causadas. São causadas por aquela mesma causa exemplar do Ente perfeitíssimo que seria o único a dar-lhes, existência, dotando-as de atualidade mais ou menos semelhantes a Ele.

A bem dizer, sem o aspecto de composição, as coisas, diversas, diversamente variadas na linha de perfeição simples, não teriam justificativa para seus limites. A sua perfeição, por não encerrar em si nada de imperfeição, não teria como se diversificar e se distinguir em graus e em intensidade.

Tais limitações de fato só se tornem explicáveis quando vistas como decorrências de seres compostos. Se uma perfeição simples existisse por si mesma, sem depender de fatores limitantes, ela seria ilimitada. A perfeição simples como tal não pode ser o limite de si mesma. Por si, o seu ser não poderia ser limitado pelo não-ser. O que é por sua essência se identifica com o infinito. Por si, por exemplo, a bondade é perfeição integral e sem limites. Nada implica de negativa ou de maldade. Beleza também não implica feiúra. Por isso, uma perfeição simples, que não fosse limitada, seria infinita. Porém, de fato, ela é limitada porque está envolta num estado de composição.

7. O limite da perfeição simples

Onde está o limite que, de fato, coarta a plenitude da perfeição simples? Ou está nela ou fora dela. Não há outra alternativa. Ora, a essência das coisas finitas se limita pelo princípio da sua existência. Todo ser finito é composto de essência e de existência. Ambas constituem os dois coprincípios de qualquer estrutura ôntica finita. Bem por isso todo ser composto manifesta como distintas a essência e a existência. Ora, é precisamente porque composto que os seres finitos são causados.

Com efeito, toda composição postula um elemento que a explique. Pois, se é composição, é também o resultado de mais coisas. Ora, as coisas, que em si são múltiplas, não convergem para a unidade a não ser que unidas por outro elemento. Nada, com efeito, de múltiplo pode se compor a si mesmo, já que nada é causa de si. Caso o fosse, deveria existir já que nada é causa de si. Caso o fosse, deveria existir já antes de si mesma, o que é absurdo.

Muito atiladamente, observa o filosofo: "O múltiplo não dá a razão de sua unidade" (*De Pot.* III, q. 5).

8. A graduação de perfeição já revela que os seres não são por essência a própria perfeição

Que as coisas finitas não possuem a perfeição por si mesma fica evidente também pelo fato que possuem a perfeição em medida variada. A posse de apenas certo grau de determinada perfeição ficaria sem razão suficiente para autoexplicar-se, logo que a perfeição fosse identificada com a natureza das coisas singulares como se, aí, residisse o seu constitutivo pleno e total. Se a perfeição fosse idêntica ao ser que a manifesta e tivesse o mesmo constitutivo do ser singular, que é o seu suporte ou sujeito, não haveria como encontrar nela a razão de sua semelhança com outras coisas nem a razão da distinção que a multiplica. Pois, então, cada coisa se identificaria (*sic et simpliciter*) com a sua perfeição. Consequentemente, naquela linha de perfeição, tudo seria indistinto e idêntico. Isso eliminaria a multiplicidade dos seres dotados daquela mesma perfeição. Aqui, a perfeição e a coisa singular constituiriam um conceito unívoco.

De outro lado, mantendo a distinção individual, na hipótese de terem a perfeição por si e não a recebendo como participação de uma e única fonte comum e suprema daí derivaria que as coisas seriam totalmente diversas umas das outras. Consequentemente, o conceito de coisa e de perfeição seria equívoco. Cada realidade seria um mundo em si. De fato, o diverso não pode causar o semelhante. E, na hipótese, teríamos tantas coisas diversas em perfeição quanto são as classes de seres. Isso quer dizer que os efeitos deveriam ser totalmente diversos e nada seria semelhante entre si.

A única saída para salvar a semelhança entre realidades que participam da mesma perfeição e ser possível falar de mais e de menos perfeito, é ver a perfeição na perspectiva da analogia. Eis porque a perfeição constitui o análogo principal e as coisas singulares o análogo participado ou secundário.

Eis porque o entendimento correto da presente explanação exige recapitular o estudo sobre analogia.

9. O fenômeno da contingência nas perfeições simples e não mistas

Comenta, a propósito, Batista Mondim:

"O Aquinate assume como fenômenos contingentes, os que são as perfeições simples e absolutas, perfeições que para existir não precisam nem de matéria nem de espaço nem de tempo. São opostos às perfeições mistas como a sensação cuja existência está ligada à matéria, ao espaço, ao tempo, ao devir. De fato, as perfeições mistas são obviamente contingentes como os seres contingentes abordados na terceira via, mas para perceber a sua contingência não é preciso remontar ao absoluto, a um máximo subsistente porque a razão de sua consistência é a sua própria natureza, vinculada à matéria. As perfeições contingentes, que reclamam uma fundamentação direta no absoluto, são apenas as perfeições transcendentais: o ser, o verdadeiro, o uno, o bem, a dignidade, o valor. Elas são encontradas na matéria, quando poderiam não sê-lo; são participadas, quando poderiam não sê-lo, estão expostas ao nada enquanto existem de fato.

A contingência de perfeições que em si mesma se revelam como não contingentes atesta sua origem daquele que, sendo o máximo na ordem de todos os contingentes, é cabeça do ser, da bondade e da todas as perfeições, isto é Deus" (o.c. p. 237).

CAPÍTULO III
ARGUMENTO A FAVOR DA EXISTÊNCIA DE DEUS EM BASE AOS GRAUS DA PERFEIÇÃO SIMPLES OU TRANSCENDENTAL

1. O argumento sob o prisma dos graus de perfeição da inteligência

A prova mediante os graus de perfeição pode ser enfocada pela graduação da inteligência. Santo Tomás de Aquino remonta até a primeira e máxima inteligência, partindo do fato que a inteligência humana concretiza um grau de entendimento que é apenas uma das infinitas possibilidades de capacidade intelectiva. Pois, sendo a nossa inteligência imperfeita e limitada, nada mais lógico e indeclinável que há de existir alguma inteligência suprema.

De fato, a inteligência é uma perfeição cujo conceito formal não inclui nenhum elemento heterogêneo que a limita ou passa estabelecer nela graduação. Ela, de per si não diz limites e diz infinitude na sua possibilidade de ser. Tal como, aliás, sucede com o conceito de bondade.

Ora, se, de fato, ela aparece limitada em algum ente, é sinal de que está sendo limitada por algum fator estranho a ela mesma. Aquele limite provém, então, do fato de ser ela integrante de alguma composição. Mas, como já se viu, o composto não dá conta de si mesmo. Ao falar de composição, referimo-nos ao fato de estar a inteligência, no seu âmago essencial, composta de elementos heterogêneos como: potência, essência e existência. Enfim, algo de contingente. Por ser composta, a nossa inteligência encerra sombras. Não é ato puro de intelecção. É sim finita e imperfeita (cf. *Daffara* p. 195).

2. O raciocínio a partir do grau limitado da nossa inteligência

A nossa inteligência tem a sua razão de ser na própria alma. Esta não é, por essência, força intelectiva. Ela apenas dispõe de um potencial intelectivo (S.T. Pars I, q. 7, art. 4). Nada mais evidente que a alma não é, por inteiro, intelectiva e que a inteligência representa uma parte do espírito humano. Isso porque a inteligência, no ato de intelecção, procede gradativamente, ela se move, ela sai da potência para o ato. Se ela fosse ato intelectivo pleno, ela saberia tudo em um só ato, mas isso não acontece. Daí, a sua imperfeição de fato, existencial. Ora, se ela não tem a plena perfeição intelectiva e apenas participa de uma perfeição maior, então, a inteligência imperfeita exige uma outra inteligência que contém em si um grau máximo, isto é, que tenha aquela perfeição em virtude da própria essencialidade.

Eis porque há de existir uma inteligência pura que é imóvel e que está em posse da perfeição intelectiva em sua plenitude.

Daí se conclui pela existência de Deus, a infinita inteligência, perfeitíssimo e transparente para si mesma, sem sombra de erro, ignorância ou dúvida. Uma inteligência que é esplendor sem sombras. Assim, Deus é o pensamento puro que pensa o próprio pensamento: (*noesis noeseos noesuv*) Aristóteles. Ele é o ato puro da inteligibilidade porque tem como objeto de pensamento toda realidade enquanto possível, abrangendo tudo quanto é inteligível, simultaneamente. Ao entender a si, Deus entende tudo o mais. Concluindo. A suprema inteligência, causa real de toda a inteligibilidade e de toda a intelecção, sendo ato necessariamente puro, é inteligibilidade e inteligente segundo a totalidade de si mesmo. É o pensamento eterno e infinito que eternamente está em posse de todo conhecimento.

3. O mesmo argumento em base da bondade: o impulso natural para o infinito

Mediante procedimento lógico e igual ao precedente, também se pode concluir a existência de Deus como Sumo Bem, primeiro e supremo objeto dos desejos e das aspirações da vontade humana, sendo Ele a causa de todas as perfeições, da bondade que existe nas coisas finitas e do impulso no coração do homem para elas.

O argumento pode ser constituído a partir de duas bases:

a) Das coisas que possuem bondade em medida variada, daí se conclui que Deus é o máximo bem, ato puro de bondade, por cuja participação todas as coisas são boas;

b) A partir dos desejos da vontade que, por sua vez, são mais e menos bons, mais e menos importantes, segundo a prestância ou a desejabilidade dos seus objetos e segundo participam mais e menos de um supremo desejo que é a razão e a causa de todos os demais desejos e aspirações. Então, conclui-se que Deus é sumamente desejável, objeto daquele supremo desejo da vontade que anima e fomenta todos os outros desejos, sendo tal desejo máximo a causa a comunicar às coisas aquela perfeição de desejabilidade que lhes é intrínseca.

Dessas duas bases, Deus aparece como fim último do homem, objeto das aspirações mais profundas, amado em cada bem, apto para desalterar os desejos do coração humano.

É bem por aparecer como fim último que Deus é o primeiro princípio de nosso agir. Ele se apresenta, então, como o princípio primeiro de toda atividade volitiva (cf. *Daffara* p. 201).

4. Procedimento do argumento em base à bondade das coisas

Veja como se arma este argumento:

"Os prazeres do corpo, saúde, bens, honra, glória, fama, deleite, alegrias espontâneas, etc., tudo isso são coisas boas e desejáveis, sendo que umas são melhores do que as outras, enquanto outras são valores condicionados. Ora, onde existe multiplicidade, somos levados a afirmar a existência da unidade; onde a impureza, a pureza; onde o condicionado, o incondicionado. Portanto, existe o Uno que, na sua individualidade, sem mescla da imperfeição e, de modo incondicionado, é a realidade da qual participam as perfeições relativas das coisas. Este ser Puro, que só é bondade e desejabilidade, denominamos Deus".

5. Outro modo de proceder, partindo dos desejos e aspirações do coração humano

Os vários desejos da vontade formam um complexo ordenado de desejos relacionados com o desejo de nossa vontade.

Com efeito, existe em nós um desejo de felicidade que a posse de nenhuma coisa limitada pode satisfazer. Felicidade que satisfaz, de vez, todos os desejos, com sua plenitude de bondade. As coisas subjetivas satisfazem, mas não saciam de vez. Não é sem motivo que exclama o rei, que tudo desfrutou deste mundo: "Vaidade das vaidades, tudo é vaidade". E Santo Agostinho confessa: "Nosso coração anda inquieto até que descanse em Ti".

Ora, os múltiplos desejos da vontade derivam de sua maior ou menor conexão com aquele desejo natural de felicidade da qual dependem como meios para o fim. Esses desejos são sinais daquele outro desejo fundamental que a tudo transcende e que o explica e justifica.

Por sua vez, aquele desejo fundamental tem sua razão de ser, a sua causa. Causa que só pode consistir na existência de um bem universal, isto é, bem em todas as dimensões, transcendente em relação aos bens particulares, que é mais e diversos de todos os bens. Enfim, que é bom em si e por si, de modo absolutamente pleno. Tal bem é Deus. Logo, Deus há de existir como existe o desejo natural de felicidade a que nada de finito satisfaz ou sacia. Daí se conclui. É através desse desejo que Deus exercita sua atração sobre as criaturas. "Ato puro de bondade que move, mediante o amor, todas as coisas" (Aristóteles). É, muito mais, aos seres capazes de o possuírem pela inteligência e o pela vontade.

6. O argumento pelos graus de perfeição em formato silogístico

Maior: Na experiência com as realidades do mundo se constata que as coisas incorporam graus diversificados de ser, de verdade, de bondade e de beleza.

Menor: Ora, o "mais" e o "menos" apontam para algo de "máximo" como causa exemplar e eficiente de todas as coisas tal como a "parte" implica o "todo".

Conclusão: Logo, existe o máximo Ente ao qual chamamos de Deus. (cf. *Daffara* p. 191-195).

7. Prova da maior

Na mesma proporção em que se depara com a multiplicidade das coisas também se manifesta o "mais" e o "menos". Pois, onde está a multiplicidade, aí, estão os graus de "mais" e de "menos". Aliás, não há como falar de multiplicidade de coisas sem que as mesmas incorporem dimensões diversificadas, em grau maior ou menor de perfeição.

8. Prova da primeira parte da menor

Vale, então, o princípio segundo o qual o "menos" e o "mais" denotam realidades que, em níveis e modos diferentes, aproximam-se daquilo que é em si algo de máximo. Seja qual for a ordem ou o nível em que há o "mais" e o "menos", tal graduação não tem sentido sem referência a algo de máximo.

Se, porém, na área das demais perfeições, é concebível algo de máximo, o mesmo já não pode suceder quanto a perfeição transcendental do ente. Aqui, o ente máximo será também o ente absoluto. No plano do ser, não há como pensar algo de mais "ser" sem que tal máximo seja também o ser total e absoluto. O ente que se sobrepõe ao ser relativo é e só pode ser o Ente absoluto, infinito, pleno, total, perfeitíssimo, etc.

9. Prova da segunda parte da menor

Aqui, retorna o princípio: (*Maximum est causa omnium quae sunt magis et minus in illo genere*). Ou seja: "O máximo é a causa de todas as coisas que são "mais" e "menos" naquele gênero.

Este princípio se elucida, quando relacionado com a necessidade da dependência causal entre o Ente, que é o máximo, e os demais seres que são "mais" e "menos".

De fato, todo agente opera na medida em que está em ato e perfeição: (*omne agens agit secundum quod est actu et perfectum*). Ora, o que age, sempre comunica, dentro do possível, a própria natureza ou forma. Portanto, comunica o que é.

Assim, na geração, o bovino comunica sua bovinidade e o fogo produz fogo. Mas, em nível intelectual, a causalidade transfere para o efeito a sua própria forma em nível apenas "intencional" e não "física" ou "natural".

No plano da natureza, a comunicação da forma causal para o efeito resulta sempre numa equivalência, sendo que, no plano intelectual, a equação entre a causa e o efeito é sempre remota. Por exemplo: O modelo que está na mente do artista sempre excede em perfeição aquilo que a tela ou o mármore estampa. Isso porque o modelo mental é espiritual, imaterial, translúcido, etc., ao passo que a imagem produzida é material, concreta, limitada, imperfeita, etc.

Daí se deduz que o ser imaterial, como a inteligência do homem é apto para produzir e comunicar a sua forma a outras realidades, sem, no entanto, reproduzir-se neles de modo perfeito.

Se o ser imaterial se comunica espiritualmente, então, por analogia, entende-se que o Agente Infinito também, de algum modo, comunica a sua forma espiritual e infinita a outros seres. Daí porque o finito é "imagem" do infinito e não reprodução fiel ou duplicata.

Assim, o homem, segundo a Bíblia, é "imagem" de Deus. Isso não significa que ele é um "deus em miniatura".

Conclusão

O que é máximo em qualquer gênero de perfeição é causa de todas as coisas que participam daquela perfeição. Assim, transita-se da causa exemplar para o principio da causa eficiente. Essa passagem ou trânsito é legítimo, já que as coisas que participam da perfeição são portadoras da mesma de modo contingente. Isso indica que, afinal, cada coisa contingente é causada pelo ser absoluto e necessário.

Aliás, essa verdade pode ser demonstrada do modo seguinte: Tudo que é composto e limitado é causado. Ora, as coisas, que participam em grau variado de alguma perfeição, são compostas e limitadas. Por isso são causadas. Causadas pela mesma causa exemplar ou Ente perfeitíssimo que confere às coisas o grau de perfeição que elas demonstram e imitam.

Se as perfeições simples não fossem contingentes nem limitadas, então, não seriam portadoras das características que as distinguem umas das outras. Justamente por serem distintas entre elas as perfeições se manifestam limitadas. Sendo limitadas elas postulam a razão de sua contingência estrutural. Isso implica a razão do seu existir limitado e por isso contingente. Portanto, resultam de uma causalidade superior, enquanto a fonte maior daquela perfeição reside na plenitude do ser perfeitíssimo e supremo em todo e qualquer espécie e gênero.

10. Outra formulação do mesmo raciocínio

Maior: Neste mundo das coisas existem perfeições em variados graus de finitude ou limitação. Assim, o grau de vida no animal é superior ao grau de vida na planta. As qualidades morais variam de pessoa para pessoa. Este, forte e corajoso; aquele fraco e tímido.

Menor: Ora, as perfeições finitas não existem por si mesmas, mas cada qual postula um ser que, naquela linha de perfeição, seja infinito e pelo qual seja produzido de modo a participar na perfeição de sua infinitude. Como tal ente é único e infinito em todas as linhas de perfeição, ao mesmo se denomina Deus.

Conclusão: Logo, Deus existe.

11. Demonstração da menor

As perfeições finitas não existem por si (*non sunt a se*). Pois, o ser "por si" é também infinito.

12. A perfeição finita postula um ente infinito na sua linha de perfeição a fim de explicar a sua produção

Cada perfeição finita implica e exige um outro ente que a produz. Isso dá origem à uma sequência encadeada de ente para ente ou de causa para causa até se chegar ao último que tal perfeição recebeu não de outro, mas de si mesmo. Aquele último na linha será o ser possui a tal perfeição em grau infinito, já que, o que é por si, é também infinito (*quidquid a se est, infinitum est*). Logo, a vida finita postula em ente máximo e infinitamente vivo.

13. O ser por si infinito só pode ser um único

Ficou acima evidenciado que o ente infinito tem que ser um e único. Não é concebível dois entes igualmente infinitos. Por isso apenas um é o ser inteligente por si e infinito de cuja plenitude participa toda inteligência finita. Um e único é o ser belo por si. Um e único o ser santo por si. Assim sendo, um único e mesmo é o ser inteligente, pulcro, santo e infinito em todas as linhas da perfeição do qual qualquer grau de perfeição procede porque é ele a causa de todo ser, de toda bondade, de todas as demais perfeições. Pois bem, Tal ser único e infinito, fonte de toda perfeição, denomina-se Deus.

14. Síntese do argumento segundo Aristóteles

O filosofo Simplício cita uma fórmula brevíssima deste argumento pelos graus da perfeição extraído de um livro perdido de Aristóteles: *"Em geral, nas coisas em que existe o melhor, nelas existe também o ótimo. Ora, posto que ente os entes um seja melhor do que o outro, então, daí decorre que também, aí, existe o ótimo. E esse por certo é o ente Divino".*

15. Síntese do argumento segundo Tomás de Aquino

Também Santo Tomás de Aquino deixa uma apresentação didática da quarta via. Este texto está na obra "Apresentação do Símbolo dos Apóstolos". Elucida o artigo da fé em Deus criador do céu e da terra. "É evidente que, se alguém entrasse numa casa e já, no pórtico, sentisse que o calor é mais intenso sendo isso aumentando, a cada passo dado para frente, ainda que não visse o fogo que causa aquele calor, crerá que, ali, existe fogo. Assim, de modo semelhante, ocorrem a quem considera as coisas deste mundo. Constata que todas elas estão dispostas segundo graus diversos de beleza e de nobreza. E quanto mais elas se acercam de Deus, são tanto mais belas e nobres. Por isso os corpos celestes são mais belos e nobres que os corpos de cá de baixo. E ainda, os seres invisíveis são mais perfeitos que os visíveis. Por consequente, cremos que todos esses seres procedem de um só Deus que comunica seu ser e na nobreza a cada um deles".

CAPÍTULO IV
SÍNTESES CLÁSSICAS DO ARGUMENTO A FAVOR DA EXISTÊNCIA DE DEUS COM BASE NOS DIVERSOS GRAUS DE PERFEIÇÃO

1. O argumento na formula dada pelo professor Cardeal Dezza

"As coisas são mais ou menos perfeitas, mais ou menos boas, belas, etc. Portanto, não são a perfeição em si, isto é, a bondade ou a beleza subsistente. É bem por isso que elas exigem algo de subsistente em si e por si, já que, o que não é mas apenas tem uma perfeição não a tem de si porquanto recebe-a mediata ou imediatamente de quem é a perfeição em si ou a bondade ou a beleza subsistente. Ora, tal ente é Deus" (o. c., p.172).

2. A mesma prova pelo magistério de Igino Guardani

"A via da contingência aproxima-nos da ideia de perfeição absoluta. No mundo existem seres mais ou menos compostos e, por conseguinte, mais ou menos imperfeitos. Existem atos mais ou menos bons, pensamentos mais ou menos verdadeiros, luminosidade maior ou menor, quantidades diversas, distribuição variada de virtude e de ciência. Mas essa maior ou menor perfeição só se pode avaliar, comparando todas as coisas a um Arquétipo absoluto e atual que seja Perfeição Infinita, a um ser absolutamente simples e perfeito. Ora, o ser simples e perfeito chama-se Deus. Logo, Deus existe" (o. c., p.76).

3. A quarta via na elucidação didática de Batista Mondim

"Os graus de perfeição deste mundo que levam até Deus, são os seguintes:

a) Indicação do fenômeno de partida: a quarta via ocupa-se dos graus que se encontram nas coisas;

b) Demonstração da contingência dos graus, mediante a aplicação do princípio de causalidade aos graus enquanto efeitos de um máximo;

c) Daí, a conclusão: existe algo que é causa do ser, a bondade e das perfeições de todos os entes.

A essa causa suprema damos o nome de Deus".

4. Segundo Jacques Maritain

"É um fato a existência do mais ou menos qualitativo, de graus de valor ou de perfeição nas coisas. Há graus na beleza das coisas (Platão o percebeu melhor que ninguém). Há graus de bondade. Enfim, as coisas são ora mais ora menos. O conhecimento é o mais alto e mais perfeitamente conhecimento na inteligência que nos sentidos. A vida, mais alta e mais perfeitamente vida no ser livre e pensamento do que no ser vivo animal e neste mais do que no ser vivo vegetativo.

Contudo, onde quer que existam graus (isto é, mais ou menos), é necessário que exista, de alguma forma um supremo grau ou um máximo, devendo-se entender isto num sentido analógico que se pode realizar de maneiras tipicamente diferentes. Esse supremo grau pode ser o ponto culminante da totalidade de um conjunto progressivo finito de valores. Esse supremo grau pode ser o ponto culminante de uma parte arbitrariamente designada num conjunto progressivo infinito de valores. Ou pode ser esse supremo grau um ponto culminante de valor infinito, acima da totalidade de um conjunto progressivo infinito. Pensemos, por exemplo, embora se trate, aqui, de valores qualitativos, num número transfinito de potência superior à de série infinita.

Já que a bondade, a beleza, a vida, o conhecimento, o amor e, afinal, o ser acham-se nas coisas em diversos graus, é necessário que exista, em alguma parte, para aqueles valores, um máximo ou supremo grau.

Mas o conjunto progressivo ou ascendente dos valores em questão, na medida em que possam existir nas coisas, é um conjunto infinito do qual, em consequência, não há grau atualmente suprema uma coisa é boa, outra é melhor, mas, pode sempre haver outra melhor ainda. Em outras palavras, a bonde excede ou transcende toda categoria de seres e em nenhum se acha em sua plenitude. Cada coisa boa ou bela é bela ou boa parcialmente ou por participação. Não é, pois, em si mesma, a razão de sua bondade. Para isso seria necessário que fosse boa por si ou por essência e então seria a bondade em toda sua plenitude. O que não ocorre. Por conseguinte, ela deriva sua bondade de outra ente. Sua bondade é causada.

Mas, seja qual for a causa considerada, se ela própria é causada enquanto boa, deriva a sua bondade de outra coisa.

Ainda, aqui, é necessário que nos detenhamos numa primeira causa que seja boa por essência e por si. Esse grau supremo por ser a causa primeira de tudo o que há de bondade nas coisas, é um ponto culminante acima da série infinita de todos os degraus possíveis de bondade nas coisas. É um grau supremo e superior a toda a série. É uma causa primeira transcendente que é boa em si e que não tem bondade mas é a bondade, a bondade que subiste por si mesma" (o. c., p.15-17).

5. Segundo João Ameal, na biografia de Tomás de Aquino

"Em que se funda a quarta via? Na hierarquia das perfeições cujo panorama se desdobra ante nós. Observamos a cada passo que existem coisas mais ou menos belas, mais ou menos boas, mais ou menos perfeitas sob qualquer aspecto. Ora, se as consideramos mais ou menos belas, boas, perfeitas, é, evidentemente porque tomamos, como ponto de referencia, um máximo dentro das diversas qualidades que lhe atribuímos. Há, então, um ser soberanamente belo, bom e perfeita.

Mas aquilo que é soberano, supremo em algum gênero é causa de todos os seres do mesmo gênero Tomás de Aquino afirma: *Quod autem dicitur máxime tale in aliquo genere, est causa omnium qualium sunt illius generis* (S.T.,I q.3, art 3). Existe, pois, o ser que é para todos os seres causa primeira das perfeições: Deus (o. c., p.263/4).

CAPÍTULO V
OBJEÇÕES CONTRA A QUARTA VIA

Poderia ser objetado contra o princípio que edita: "onde existem graus é necessário que exista um máximo e supremo grau": isso não passa de uma conclusão impulsiva que não goza de evidencia intrínseca.

Jacques Maritain responde a esta objeção:

"O principio é evidente em si mesmo. Por isso, exprime de uma maneira inteiramente geral as exigências lógicas do conceito de relação comparativa. A proposição: Toda série composta de mais e de menos traz a conotação de um que é o mais é uma proposição necessária e evidente por si. É do mesmo tipo lógico que o principio da causalidade".

Esse princípio se verifica de maneira analógica e segundo modos diferentes.

Tomás de Aquino tem sido acusado de cair no ontologismo ao formular a quarta via. Não haveria, aqui, uma passagem do ideal ao real, uma afirmação da existência, exclusivamente, demonstrada através de deduções abstratas?

Responde João Ameal, na sua biografia de Tomás de Aquino: "Tomás declara desde o começo que vista ser impossível provar a existência de Deus pela consideração da essência divina (inatingível para nós), o fará pela consideração de coisas sensíveis.

As coisas sensíveis não são apenas os materiais. Determinadas qualidades ideais como a bondade, a verdade, a beleza, podem ser extraídas pela nossa inteligência do exame do sensível. Uma vez efetuada tal operação, essas qualidades são para nós reais e, segundo o princípio de causalidade, requerem uma Primeira Causa como origem própria. Mais uma vez, portanto, na quarta via, a Aquinense se apoia nos dados fornecidos pela colaboração do sensível e do inteligível e faz intervir os primeiros princípios da razão para subir no conhecimento da existência de Deus. Querer surpreender-lo em flagrante delito de ontologismo depois da refutação do ontologismo de Santo Anselmo feita com tanto insistência e rigor não passa de um erro de visão" (c. c., p. 265-6).

CAPÍTULO VI
ATRIBUTOS DIVINOS ORIUNDOS DA QUARTA VIA

1. Deus como primeira e suprema inteligência

Tomás de Aquino, no estudo a respeito da inteligência humana, estabelece a necessidade de ascender, subindo para a altitude de uma inteligência soberana e perfeitíssima. Isso resulta do fato que o intelecto humano concretiza apenas um determinado grau dentre os infindos níveis de potencial intelectivo. Por isso ele é limitado e imperfeito.

Daí advém que a capacidade intelectiva do ser humano não tem si mesma a sua razão de ser. A alma humana em sua essência, não se identifica com a faculdade intelectiva. Essa faculdade é mera participação de uma outra fonte que constitui por essência a natureza intelectiva, ou seja, aquele que está sempre em ato de intelecção.

A alma humana é intelectiva, mas participa do potencial absoluto e perfeitíssimo do intelecto em si. Sinal dessa relação de dependência é que a inteligência humana não está de contínuo em ato. Ela entra na posse da intelecção, passando por fases sucessivas de apreensão do objeto, de análise discursiva e de argumentação. A imperfeição de sua capacidade operativa se manifesta no fato de não entender de tudo, enquanto aquilo que é compreendido resulta de um processo lógico e gradativo.

Ela não é a verdade e, sim, um recurso para dela apossar-se, já que não está sempre em ato de intelecção. A sua capacidade de entender é potencial.

O fato é inegável e por isso a prova tem fundamento seguro. Quando um ser particular participa de alguma perfeição, mas é instável e imperfeito no desempenho daquela qualidade, então, ele exige que do lado de fora exista outro ser cuja essência incorpora aquela perfeição e possua suas propriedades de modo perfeitíssimo e soberano.

Portanto, além dos seres ou entes participantes de perfeições, deve haver uma inteligência pura e perfeita que por força de sua essência é imutável porque está em ato intelectivo de modo pleno e perfeitíssimo. Eis o que é Deus. Ele é a inteligência infinita, totalmente lúcida e sem a mínima penumbra de obscuridade.

Pelo visto esta prova é a mesma da quinta via baseada na graduação dos entes, mas aplicada ao caso específico da inteligência. Essa, quando suprema, é a causa que explica o fato da participação. Como faculdade intelectiva e causal, ela não implica, no seu conceito formal, nenhum elemento heterogêneo que a possa limitar ou diferenciar em graus. De per si ela não é passível de qualquer distinção intrínseca. Ela é, então, perfeita e infinita tal como o conceito transcendental de ser e suas propriedades intrínsecas como a unidade e a bondade. Daí a axioma latino: *Ens est unum, verum et bonum*.

Quando a inteligência se apresenta limitada, isso significa que ela é composta de qualquer componente que não é inteligência. Assim, a inteligência humana é uma parte ou uma faculdade da substancia imaterial da essência humana. Ela é parte dela. Ora, tudo quanto é composto não dá a razão radical de sua existência a não ser, recorrendo ao ser simples e livre de qualquer composição. Em suma, todo contingente depende do necessário.

Eis porque a partir de nossas limitações no ato intelectivo, impõe-se a necessidade de apelar para a inteligência em si e perfeitíssimo de Deus.

Na inteligência suprema de Deus não existe a dualidade de sujeito cognoscente e objeto conhecido. Tal dualidade só existe na inteligência limitada, ou seja, naquelas substâncias que participam da inteligência máxima e soberana de Deus.

Aliás, essa dualidade é bom visível como sinal da própria contingência que se faz presente na heterogeneidade do ato e potência, de essência e existência.

A necessidade de ter a inteligência suprema de Deus como causa da faculdade intelectiva do ser humano também pode ser demonstrada com base na multiplicidade da verdade. A partir das tantas verdades existentes chega-se à existência de Deus como verdade primeira, máxima, soberana e essencial. Ela, em suma, é a fonte de toda e qualquer verdade.

2. O procedimento lógico dessa outra escalada até Deus é seguinte

A verdade existe, nas coisas deste nosso mundo, em graus diversos tal como o conceito de ser. Tal diversidade tem sua hierarquia. Existem um ordenamento de causalidade nos graus de verdade tal como nas variedades do ser. Assim, constata-se a verdade de um primeiro princípio. Ela é mais abrangente do que a verdade um fato isolado. Por sua vez o fato físico é mais visível do que uma modalidade ética ou moral. Os princípios lógicos iluminam as conclusões do raciocínio e a verdade em nível metafísico confirma a verdade de outros níveis ou ordens pela luz máxima da identidade.

Eis porque é legítima a passagem através dessa hierarquia ascendente de verdade até atingir a verdade suprema de Deus, a verdade primeira e essencial, a fonte de toda verdade como fonte de todo ser.

Por conseguinte, a verdade dos princípios lógicos não pode depender em última instância nem de nossa mente nem das coisas, mas de um Ente intelectivo que é a verdade necessária e subsistente. Do fato de existirem coisas contingentes conclui-se pelo Ente necessário e por si subsistente no qual essência e existência identificam-se. Assim, da contingência na atualidade da verdade se conclui pela verdade subsistente na qual a inteligibilidade e a intelecção (potência e ato) se identificam. Aí, só existe atualidade plena e pura, por si subsistente como verdade. Aí, tudo que é inteligível é intelecção em ato.

O evangelho de São João (1,3-9) declara: "No princípio era o Verbo".

O Verbo divino como ato puro de intelecção está no princípio de todas as coisas. As coisas existentes e finitas como as possíveis, enquanto existentes e inteligíveis participam da atualidade intelectiva do Verbo divino que, justamente por ser passível de participação diversa cada ato intelectivo do ser humano reflete aquele esplendor irradiante de inteligibilidade infinita e eterna de Deus.

3. Deus como amor supremo e bondade máxima

Aqui, vamos proceder tal como no argumento relativo à verdade eterna. Ali, em primeiro lugar, considerou-se a verdade que existe nas coisas de nosso mundo e, depois, como existente na inteligência do ser humano. Do primeiro procedimento resultou que Deus é a verdade máxima, ato puro de inteligibilidade e primeira verdade subsistente da qual todas as coisas participam enquanto dotadas de inteligência. Do segundo procedimento advém a imagem de Deus como verdade suprema enquanto ato puro de intelecção e pensamento subsistente de cuja verdade soberana todas as demais verdades participam. Agora, vamos proceder do mesmo modo com referência ao aspecto de bem ou de bondade (*Bonum*). Podemos partir das coisas deste nosso mundo que possuem a dimensão de bom em medidor diverso de modo que existem umas mais e outras menos boas. Daí se conclui que Deus é o bem máximo (*Bonus maximus*).

Também se pode partir dos diversos e múltiplos desejos da vontade que se manifestam como mais ou como menos bons e como tais participam de um supremo bem desejável que é a causa exemplar e eficiente de todo e qualquer desejo que aflora na vontade do ser humano. Então, conclui-se pela existência de Deus como bem sumamente desejável, objeto máximo e supremo da vontade humana.

Assim, Deus se manifesta como fim último do homem, objeto remoto de suas aspirações; amado indiretamente em cada coisa que é amada, embora seja o único apto para saciar plenamente a sede de beatitude ou felicidade plena e total. Como fim último Deus é o primeiro princípio que ativa qualquer moção da vontade em busca do que lhe é bom e apetecível.

O primeiro procedimento visa demonstrar que suas coisas deste mundo existem a dimensão de mais e de menos bem e por isso existe também um máximo como a perfeição de bom. De fato, os prazeres são numerosos, mas nenhum deles é isento de imperfeição seja na intensidade seja na duração seja mesmo na qualidade. Dessa multidão complexa somos levados a afirmar da existência do uno, simples e incondicionado que é puro e integro em si como isento de tudo que conflita com o conceito de bom perfeito e desejável em plenitude.

Cabe, agora, demonstrar que, partindo dos inúmeros bens que motivam a apetência da vontade humana, daí se prova a existência de Deus.

Eis o argumento. Existe em nós o desejo natural de felicidade plena. Esse desejo é o mais realizante para o ser humano. Enquanto as diversas realidades boas da vida atendem, parcialmente, a busca da felicidade plena sobra ainda muitas dimensões para serem atendidas e realizadas. Isso se explica porque os prazeres parciais não logram atender a exigências ideais. Prazer limitado nenhum sacia o desejo de ser feliz na plenitude, por mais frequente e intenso que seja, apesar de sua intrínseca imperfeição.

Eis porque Santo Agostinho exclama: "Nosso coração está intranquilo enquanto não repousa em Ti".

Portanto, somente Deus está apto para atender a esse desejo de felicidade plena que ativa o coração humano cada vez que ele é atraído por alguma coisa cuja dimensão de bom se apresenta como apetecível.

Os incontáveis desejos da vontade derivam seu maior ou menor valor de seu grau de bondade que os conecta com a busca natural de felicidade. Esta opera como fim enquanto os desejos representam os meios para alcançá-la.

Ora, esse desejo gravitacional deve ter sua razão de ser, a sua causa. Esta só pode ser um bem cuja plenitude transcende qualquer dimensão particular e limitada de bem ou bondade. Deve ser o alvo implícito ou fim indiretamente, visado pela vontade que age em busca da felicidade total. Pois, então, tal bem absoluto que figura como fim só pode ser Deus.

Portanto, Deus existe como existe o desejo natural de felicidade cuja plenitude coisa boa nenhuma consegue satisfazer. Assim, como já dizia Aristóteles: *"O ato puro da Bondade move todas as coisas mediante o amor"* (*Metafísica*, I, cap. VII).

Emerge, assim, o conceito de fim último sem o qual não seria concebível atividade alguma, já que cada ação ocorre em função de algum fim de modo que os fins intermediários acontecem em relação a um fim último. Tal como nas causas eficientes conexas entre elas não é aceito apelar para o infinito assim também não é válido proceder até o infinito em se tratando de causas finais dependentes entre elas. Eis porque, então, é necessário que exista um bem universal cuja plenitude satisfaça de modo definitivo a apetência da vontade humana.

Ora, é em função desse fim supremo e último que todos os fins intermediários são ativados e colimados pela vontade humana. Daí, a pergunta. Qual a realidade que encarna esse fim último que move todos os desejos humanos?

A resposta é clara: só pode ser Deus.

QUINTA PROVA

DA FINALIDADE

ÍNDICE

CAPÍTULO I – A QUINTA VIA PARA DESCOBRIR A EXISTÊNCIA DE DEUS..........................261

CAPÍTULO II – O FINALISMO.............275

CAPÍTULO III – SÍNTESES DA PROVA PELA QUINTA VIA...............................282

CAPITULO IV – AS OBJEÇÕES...........294

CAPÍTULO V - O FINALISMO NA HISTÓRIA DA FILOSOFIA....................298

CAPÍTULO I
A QUINTA VIA PARA DESCOBRIR A EXISTÊNCIA DE DEUS

1. Apresentação da prova por Tomás de Aquino (Summa Theologica I, 2, 3):

"A quinta via se infere a partir do governo das coisas. Vemos que algumas coisas, não sendo dotadas de conhecimento, isto é, os corpos físicos, operam segundo um fim, como resulta do fato de operarem sempre ou quase sempre do mesmo modo para conseguir a perfeição: 'o que significa, evidentemente, que atingem o seu fim não por acaso, mas por uma predisposição'. Ora, o que não tem inteligência não tende para um fim senão porque e enquanto dirigido por outro ser cognoscente e inteligente tal como a seta pelo arqueiro. Existe, portanto, um ser inteligente que todas as coisas ordena para o seu fim. A este ser chamamos Deus".

2. Preliminares históricos

Na história da filosofia, esta prova tem sido amplamente privilegiada pela preferência dos gênios da intelectualidade. É suficiente evocar os nomes de Anaxágoras, Sócrates, Platão, Aristóteles, Agostinho, Tomás de Aquino e E. Kant.

A posição de proa conferida ao argumento da finalidade é de todo compreensível não só porque esta prova prima pela cristalina evidência de sua conclusão, mas também pela beleza que ostenta nos conceitos articulados. Não admira que tenha sido fonte de inspiração para poetas e místicos.

O estudo e a prestância das causas finais entraram em crise desde que a ciência foi ganhando terreno como explicação dos fenômenos da natureza. Além dos mecanicistas rijos do tipo de Descartes e dos materialistas como Haeckel, a safra atual de cultores das ciências professa a substituição de conhecimento das causas finais pelo das causas eficientes. Isso, no entanto, é lastimável porque provoca equívoco e desprestigia um dos instrumentos de rara eficácia para a pesquisa filosófica. A intelecção plena de um fenômeno não pode dispensar a dimensão finalística. Aliás, negligenciada a explicação finalista o entendimento científico se torna falseado. Uma vez provado que os olhos enxergam graças à ação da luz sobre o objeto cristalino, diria o antifinalista que os olhos veem porque reagem à luz do sol e não porque é feito para enxergar a luz ou, então, que a digestão, no estômago, depende da ação química dos humores cástricos e não porque o intestino foi preparado para digerir. Seria o mesmo que dizer o pássaro voa porque tem aza e não porque recebem aza a fim de voar. Como ainda será explanado as causas eficientes, que respondem pelos fenômenos científicos, só atuam porque direcionados pelas causas finais. Sem finalismo não há determinação e, sim, indiferença e indeterminação.

3. Valor intrínseco do argumento

No conjunto das cinco vias, este argumento ocupa o último lugar apenas em sentido da sucessão espacial e não na ordem da importância. A bem dizer, ele está no ápice de uma graduação qualitativa. Representa o supremo grau na escala de valores expressos pelas vias.

As vias, com efeito, descrevem um movimento ascensional. Através delas o pensamento faz a escalada a partir da menor até a mais intensa conjunção de elementos probatórios. Assim, a primeira e a segunda enfocam o ente no estado de movimento e de vir-a-ser seja no aspecto ativo seja no aspecto receptivo. Já na terceira via, considera-se o ser contingente na sua finitude e dependência. A seguir, na quarta via, analisa-se o ser finito formalmente como tal. Por fim, a quinta via compreende num único lance de raciocínio quer o vir-a-ser tanto ativo como passivo seja ele acidental seja substancial (1ª, 2ª e 3ª vias) quer o próprio ser finito das realidades vistas como coordenadas entre elas (4ª via). Destarte, a quinta via passa a contemplar a ordem das coisas sob o prisma da unidade. Unidade suprema que lhe confere a dimensão transcendental do ser enquanto tal (*ens qua tale*). Aí, o ente e o uno se convertem, já que a ordem e a unidade são propriedades intrínsecas do ser. Emerge, então, a equivalência entre ser, ordem, unidade e finalidade. Isso é exequível logicamente porque o objeto formal do intelecto é o ser. O intelecto é a faculdade do ser. É a faculdade que apreende o significado metafísico do ser. Por isso também o intelecto está apto para expressar essa mesma inteligibilidade.

4. O argumento teleológico ou finalista

Maior: Na natureza há coisas carentes de conhecimento e que, no entanto, operam em vista de alguma finalidade.

Menor: Ora, a ordenação das coisas naturais para um fim supõe algum intelecto ordenador.

Conclusão: Logo, há de existir o intelecto ordenador que, em última instância, é o Criador, a saber, Deus.

4.1. Explicação da premissa maior: a ordem no universo.

4.1.1. *O universo seja no seu conjunto seja em cada uma de suas partes é passível de duas interpretações: a finalista e a antifinalista.*
A primeira constata ordem e, consequentemente, finalidade.
A segunda nega tanto a ordem como a finalidade. Ai, tudo acontece como mero acerto ocasional de elementos, caoticamente, congregados. Na primeira interpretação, o viajante chega ao termo de sua viagem porque estava condicionado ou influenciado pelo ponto de chegada; assim, o seu movimento pela estrada era uma tendência que o aproximava do alvo intencionado e querido. Ali, a meta era o fim colimado que ativava o agente ao longo do trajeto. Na interpretação mecanicista e autifinalista, a consecução do ponto de chegada resulta do movimento de ambulação como produto aleatório de uma atividade sem orientação determinada.
O argumento esposa a interpretação finalista. O universo se apresenta como um espetáculo de ordem. A par das possíveis desordens, o que, aí, prevalece e deslumbra é o aspecto de sistema bem ordenado.
Que existe uma ordenação maravilhosa em todos os níveis do mundo é o testemunho das ciências. Basta atentar para a anatomia e fisiologia de um órgão como a visão ou o ouvido. Eis porque os latinos denominam o universo de puro "mundus" e os gregos de esplendor: "cosmos".

4.1.2. *O conceito de fim*. Entende-se por fim aquilo por cuja força é causada alguma coisa (*id cujus gratia aliquid fit*). O fim é, assim, algo visado que se torna querido e que, justamente, por ser visado e querido desempenha um influxo tal que ativa uma série coordenada de atos no sentido de sua consecução ou realização. O fim tem, então, a categoria de verdadeira causa. Como toda causa o fim influi e determina a produção do efeito. Faz com que o efeito exista de fato. A intenção de reproduzir um panorama na tela, leva o pintor a usar os meios de pintura no sentido de fazer o quadro proposto. Sem aquela intenção de atingir tal finalidade a tela não aparece porque o efeito não é proposto nem alvejado sem aquela intenção de atingir tal finalidade. A tela não aparece porque o efeito não é produzido. Assim, a tela pronta configura, na mente do pintor, como fim que foi alcançado.

4.1.3. *Finalidade consciente e inconsciente.* Na esfera de -nossos atos de consciência é fácil constatar o influxo da finalidade. Uma vez apreendido pela inteligência, o fim conhecido e visado passa a atuar sobre a vontade como um valor, um bem que atrai e motiva a agir. Movida pelo valor de bem que o fim incorpora, a vontade desencadeia uma sequência de movimentos até realizá-lo.

No plano da natureza não humana, onde não brilha a luz da consciência, tudo isso acontece de modo cego e inconsciente. Aí, o mecanismo de forças físico-químicas, adrede preparado, tende para a realização de finalidade porque, assim, foram predispostos por alguma inteligência e querido por alguma vontade.

5. Explicação da menor

Na primeira premissa do raciocínio, depara-se com a ordem e a necessidade de uma finalidade para responder por ela. Sobra, agora, a exigência de ir mais em frente e tirar outras consequências daí. Não há como negar que o encaminhamento normal e constante para um fim supõe a ação de algum intelecto ordenador. A ordem diz disposição para uma meta. Tal disposição para um fim a ser alcançado implica uma causa eficiente que desempenha uma atividade enquanto transmite o seu influxo intencionalmente.

Ora, as coisas naturais, precisamente, por não disporem de intelecção própria, ao tenderem para algum fim, postulam algum intelecto pensante fora delas mesmas. A ordem é filha da inteligência.

Mas o intelecto ordenador da atividade da natureza não pode ser distinto ou diferente do autor da própria natureza. Bem porque o ordenador da natureza para seu fim próprio há de ser também o ordenador da natureza mesma, então, identifica-se a figura do ordenador da natureza com o autor ou criador dela. Pois, a natureza, por tudo o que ela é, tende para o fim que lhe é próprio. Assim sendo, o ordenador da natureza como tal é necessariamente o mesmo que é o estruturador dela. Vale dizer: O intelecto ordenador da natureza é o próprio intelecto criador.

Isso se entende melhor pela razão seguinte. É axioma intangível que o agir resulta do ser (*agere seguitur esse*). Por isso o modo de agir procede da natureza do ser. Assim sendo, então, o autor da atividade da natureza, identifica-se com o autor da mesma natureza. Aliás, isso se evidencia no fato que todas as partes de um organismo qualquer, de modo harmônico, cooperam para o bem daquela natureza do qual as partes são elementos integrantes. Vale dizer. Quem fez a organização intrínseca de uma natureza, também é a causa de sua existência como natureza, isto é, como instância operativa subsistente.

Ora, se o ordenador da natureza é o autor da mesma, então, tal ordenador só pode ser o Supremo Ser ou Deus, já que só a Ele cabe agir de modo "total", isto é, sem elementos pressupostos e condicionantes. Ora, tal modo de agir está a dizer que lhe cabe também criar, tirando os seres do nada. Tal tipo de ação nada mais é que criar do nada.

Portanto, a partir da ordem natural nas coisas sensíveis do mundo, prova-se que Deus é ordenador supremo e o criador de todo o conjunto da natureza. Isso porque quem ordena e cria esta ou aquela natureza é idêntico ao autor supremo de toda a natureza.

6. As partes da premissa menor

Três elementos compõem a estrutura desta premissa: Há de se demonstrar que existe ordem no universo; que ordem implica finalidade; que ordem finalística não tem explicação lógica sem a presença de alguma inteligência ordenadora.

6.1. O conceito de ordem

Define-se a ordem como unidade na multiplicidade: Ordem supõe organização de elementos. Não há desordem para um ser único. Daí porque ordem supõe pluralidade de elementos. Supõe também uma relação a ser estabelecida esses elementos. Postula, por fim, um princípio ordenador para compor a relação entre aqueles elementos. Perante um amontoado de livros, o bibliotecário escolhe critério de organização. Pode ser o assunto ou o formato dos volumes. A ordem imposta nos livros resulta como uma função do critério estabelecido. Assim, o critério funciona como um fim a ser atingido e a organização tem sua razão de ser enquanto determinada pelo fim. Daí porque o fim opera como princípio unificador que comanda a estrutura da ordem.

6.2. Ordem e finalidade

Na ordem dos livros na biblioteca despontam duas coleções. Primeira, a relação de coordenação. As partes (livros) sucedem-se na linha espacial em estado de mútua coordenação. Daí, as partes coexistem coordenadas. Mas depara-se também com uma relação de subordinação entre o conjunto dos livros e o critério ordenado. A coordenação das partes responde ao princípio ordenador de sorte que está em ordem porque subordinado ao fim estabelecido. Eis, então, as duas ordens: a coordenativa ou a estática e a subordinativa (ordem finalista ou teleológica). Mas, as duas findam numa fusão perfeita: a ordem da finalidade concretiza a ordem da constituição ou leitura das prateleiras e, por fim, identificam-se numa e mesma ordem.

Como se vê, onde há ordem ai existe finalidade, já que ordem nada mais é que a sistematização de coisas de acordo com seus fins.

6.3. Ordem, finalidade e intelecto ordenador

Portanto, onde existe ordem, aí, existe uma finalidade consciente, explícita ou implícita. Ora, tal finalidade supõe um intelecto do qual procede. Logo, existe também uma inteligência ordenadora que é responsável pela ordem estabelecida.

6.4. O ordenador da natureza é também o autor da natureza

A força concludente do argumento consiste em não distinguir nem separar o ordenador do criador. O homem, quando trabalha com a natureza e realiza suas artes e indústrias, ele já encontra as coisas naturais ordenadas para seus fins próprios e as recondiciona para os fins de sua arte operativa. O homem não ordena a natureza. Ele assume a natureza ordenada em si e a reordena para os fins da arte ou da indústria. Deus, porém, ao ordenar, ele cria a ordem e faz a ordenação substancial das coisas. Se o ordenador da natureza não coincidisse com o criador da mesma, então, a ordenação intrínseca como tal deixaria de ter a sua razão de ser.

7. A causa da ordem como tal (simpliciter) é criadora

Diversamente do homem que impõe seus fins operativos à natureza de modo acidental, Deus opera nela pondo a ordem de modo *simpliciter*. O homem manipula os fins da natureza, Deus os estabelece, criando. Pois, o intelecto divino não só entende (*intus-legit*), mas ordena por dentro das coisas (*intus-ordenat*); faz por dentro (*intus-facit*); constitui por dentro (*intus-constituit*) na medida exata em que o todo é o que é como totalidade. Eis porque o intelecto divino é, necessariamente, um intelecto criador.

8. Deus tudo fez na exatidão do peso, número e medida

Diz a Escritura Sagrada que Deus tudo criou segundo a exatidão do peso, número e medida (*in pondere, numero et mensura*). Ele, com efeito, produziu o ser composto e finito da natureza esplêndida e multiforme. O ordenador dessa natureza imensa e rica em formas é o autor desse ente finito como um todo, ente que, precisamente como composto, finito e múltiplo, manifesta-se nos seus aspectos de situação estática e de situação de dinamismo. O ser finito e composto se identifica com o próprio ordenamento intrínseco, ao passo que o ser múltiplo coincide com o ente enquanto extrinsecamente ordenado. Daí porque o ente composto e finito como tal é o ente feito pelo Criador segundo o peso, o número e a medida que lhes são próprios e individuantes.

9. Os dois diversos tipos de fins: o intrínseco e o extrínseco

O fim intrínseco: Este é ordenamento da coisa para realizar seu ato próprio. Assim, o fim das asas é o voar como o fim dos pés é o caminhar. Tal finalidade revela a estrutura intrínseca daqueles órgãos.

O fim extrínseco: Estabelece uma hierarquia entre coisas subordinadas entre elas. Assim, há certa ordem entre seres inferiores frente a outros seres superiores. Por exemplo: Os peixes menores servem de alimento para os maiores. As ervas alimentam os animais e os homens se alimentam daqueles.

10. Os fins da natureza e a ordem nela

Perceber os fins e a hierarquia de fins na natureza equivale a descobrir a ordem natural das coisas finitas. Todavia, temos dificuldade em ver a ordem como relação entre o fim extrínseco e o fim intrínseco. Na verdade, porém, é bem o fim intrínseco das coisas que as ordena para certos fins extrínsecos. O que ordena o animal a se alimentar de ervas é uma exigência natural e tal exigência condiciona o animal a ser apto para fornecer o alimento ao homem. Precisamente porque o boi, por disposição da natureza sua, age (come ervas), em tal sentido é que seu comportamento alimentício resulta da ordenação intrínseca de determinada espécie animal. O agir sempre obedece à estrutura interna do ser.

Eis o motivo porque o ordenamento intrínseco de uma coisa para realizar seus atos próprios e adequados fundamenta a sua transcendental ordenação de uma coisa em face de outra coisa. Daí porque o ordenamento extrínseco e hierárquico entre as coisas deste mundo tem base essencial na finalidade intrínseca delas mesmas.

11. O mesmo argumento sob o aspecto da ordem cósmica

A apresentação do argumento teleológico sob o aspecto da ordem cósmica tem sido proposto, com muita frequência por Platão, pelos Neoplatônicos e Estoicos, por Aristóteles e Cícero. Além da Sagrada Escritura (Sap. 13), os Padres da Igreja e os Apologetas dele se utilizaram para convencer os negadores da divindade única e máxima.

Maior: Há no universo uma ordem global, complexíssima, mas constante.

Menor: Ora, tal ordem requer uma causa inteligente.

Conclusão: Logo, existe um ente supramundano, sapientíssimo que, simultaneamente, é ordenador e criador do mundo e que se denomina Deus.

11.1. Explicação da maior

Para onde se voltam nossos olhos, deparamos com uma ordem estupenda tanto nas coisas mínimas como nas maiores. Basta consultar as riquezas do conhecimento científico nas diversas áreas do saber. A ordem nos seres vivos, na estrutura das células, dos organismos, etc. A ordem no conjunto das espécies animal, etc. A ordem na composição atômica da matéria.

Tal ordem é global porque compõe todos os seres no mundo e no cosmo em unidade harmoniosa. É também complexíssima, já que resulta de estruturas e leis desafiadoras de todo o saber científico. Por fim, é constante porquanto mantém o ritmo existencial de todos os fenômenos da natureza na pauta de uma continuidade de milhões de anos, superando obstáculos, recuperando energias e mantendo o equilíbrio básico das forças conjugadas.

11.2. Explicação da menor

Tal ordem postula uma causa inteligente. Pelo menos, em última instância. Claro que a causa imediata e próxima da produção, por exemplo, de sementes, está na estrutura da própria planta, mas, há de existir uma causa remota e última que explica e justifica por que a planta age daquele modo e produz aqueles efeitos. Aliás, jamais constatou a experiência que uma ordem de fatores constantes seja o resultado do acaso ou de incidência fortuita. Nada mais disforme que explicar tal ordenação sistemática sem que seja necessária a intervenção de alguma inteligência.

Além disso, tanto o senso comum como o bom senso não se conformariam em contemplar atônitos tamanha complexidade ordenada entre si sem concluir por uma causa inteligente que respondesse por ela. Seria sinal de insanidade mental ter tal ordem nas coisas como fruto de mera coincidência. Já que a duras penas, os gênios mais privilegiados tentam entender apenas uma parcela de tanta riqueza e beleza, qual o louco a sugerir que tal desafio para a inteligência dos homens teria surgido sem o concurso de alguma sabedoria?! O que mais estarrece é constatar como bem aqueles cientistas aos quais foi dado perscrutar tamanha prova de genialidade, muitas vezes, professam um agnosticismo brutal e até declaram ser o mundo um parto de montanha!

Ainda bem que o filósofo está ao lado da intuição partilhada pela espontaneidade do bom senso e do senso comum da grande maioria dos homens. São os filósofos a nos esclarecerem na razão interna da ordem e a nos conduzirem para conclusões planamente plausíveis.

Eis então o veredicto da filosofia.

Ordem é a unidade dentro da pluralidade de elementos. Quando tal convergência resulta da conspiração de tantos fatores a ponto de construírem algo de imensamente grandioso, organizado, sintonizado, esplendidamente coordenado como é o mundo dos micros e dos macros organismos, tendo como produto final um único concerto de forças configuradas no mesmo efeito, não há como não indagar por alguma razão suficiente. Salta aos olhos que tal razão suficiente não pode ser outra senão um autor igualmente inteligente. Não há como não enxergar, aí, a presença de um intelecto que predispôs a ordem para um fim colimado: *Finis intentus*.

12. Conclusão

Uma ordem complexa e constante não teria razão suficiente de ser se não existisse uma inteligência ordenadora para a mesma. Em segundo lugar, aquela inteligência ordenadora há de ser distinta do mundo ordenado por ela. Pois, as coisas ordenadas ou são inteligentes ou não. Se inteligentes (como o homem) respondem ou não pela própria organização. Se não respondem, então, a razão suficiente está fora delas mesmas. Aquele ente que é a razão suficiente da ordem e que reside fora dela ou é produzido por outro ou é a razão de si mesmo.

Com efeito, não repugnaria que algum ente inteligente finito fosse o organizador imediato do mundo. O "demiurgo" platônico seria tal inteligência finita, embora grandiosa, a dirigir os destinos do mundo. Todavia, se o ordenador imediato do mundo fosse mesmo um ser finito, nele deparar-se-ia, então, com a composição real de essência e de existência, de potências e atos. Enfim, um ente cujas partes seriam ordenadas umas para as outras. Ora, tal ente finito, por sua vez, apelaria para um ordenador dele mesmo e que seria um ser simples, existindo por essência cuja inteligência estaria sempre em ato. Em suma, que organiza sem ser organizado. Tal inteligência é o que se entende por Deus.

CAPÍTULO II
O FINALISMO

1. Outra fundamentação lógica para a mesma prova cosmológica

As Coisas da natureza, muito embora lhes falte a razão, assim mesmo operam voltadas para um fim (*agunt propter finem*). Elas agem para realizar os efeitos programados por suas estruturas genéticas, concretizando-as de modo regular e constante. Tais efeitos se constituem em verdadeiros fins para os quais elas tendem ou para os quais estão direcionadas.

Todo o mecanismo bioquímico da planta canaliza as atividades daquele vegetal de modo a não frustrar tal finalidade e por isso revela a disposição das partes para a mesma função global e una. Assim, as células e os órgãos cooperaram, admiravelmente, para a função vital do corpo como agente uno.

A ordem intrínseca, além de ser o termo da ação das partes, revela-se ainda como causa movente e direcionante qual fim intencional (*finis intentus*).

Ora, o fim não conduz por si as ações operativas do agente a não ser enquanto ele mesmo for conhecido e intencionado por algum intelecto. Todavia, já foi dado por aceito, que as coisas da natureza (física, vegetativa e animal) carecem de intelectualidade própria. Posto isto, não resta senão admitir que os fins colimados revelam intencionalidade de algum intelecto que comanda. Enfim, a natureza irracional opera como uma máquina que foi, previamente, preparada pelo fabricante para produzir tais e tais produtos.

2. Finalismo e princípio da razão suficiente

O núcleo do argumento que defende o valor e a consistência ontológica do princípio da finalidade toma como referência as condições que explicam e justificam o agir de certos entes. Há, com efeito, seres, entes dotados de capacidade para agir ou operar. São agentes por estrutura de natureza. Ora, todo agente formalmente como tal possui estrutura adequada, isto é, está constituído por disposição intrínseca para operar ou agir. Enfim, é um ser produtivo, já que operar e agir têm como termo um produto ou efeito. Seja, então, a hipótese de um ser, de per si apto para operar ou para agir, mas não direcionado a produzir determinado efeito. Seria, então, uma natureza indiferente porquanto poderia produzir este ou aquele efeito ou simplesmente não gerar resultado nenhum. Em assim sendo, tal ente ou natureza não teria a sua razão suficiente para dizer porque produz tal efeito com preferência a outro tipo de resultado, ou, simplesmente, deixa de produzir qualquer efeito. A propósito, Tomás de Aquino comenta: "Se o agente não tende para algum efeito determinado, qualquer efeito lhe seria indiferente. Ora, o que está indiferente ante a variedade, não lhe convém agir no sentido de um ou de outro. Daí que não sendo determinado para um dos efeitos também não o realiza. É lhe, então, impossível agir. Eis porque todo agente tende para algum determinado efeito que é seu fim" (*Contra Gentiles*, II, 2).
Seja o exemplo tirado de uma semente de cereal. O grão de trigo encerra em si a razão adequada do porquê de fato dá origem àquele tipo de produção e não a outro diverso.

Não falta quem veja na estrutura bioquímica da semente mera concorrência fatual de elementos aleatórios. Assim, a semente de hoje seria o produto de fatores fortuitos do passado e da evolução.

Evidente que tal resposta não satisfaz. Explica, mas não aduz fundamentação lógico-racional suficiente.

Aliás, o questionamento suscitado pela natureza produtiva da semente pode ser projetado na área cósmica de todo o universo. Por que o universo, que aí está, é este e não outro dentre os tantos possíveis?

Uma coisa é certa. O universo com que nos defrontamos não teria razão suficiente de ser, se a cabeça pensante e sumamente inteligente que o organizou não tivesse querido que fosse o que, hoje, é e não outra modalidade de possível.

Isso tudo vem ao encontro daquela convicção de racionalidade plena que postula explicação e justificativa para agir de um ser consciente e livre. Todo agente que não fosse direcionado pelo princípio do finalismo não teria como apresentar a razão de ser de sua ação direcionada para este objetivo e não para aquele outro possível.

Em suma, o agir subjetivo sem o princípio do finalismo equivaleria a não ter razão de ser como ação.

Ora, um ser que não ostenta o porquê de seu existir e do seu agir, seria de todo um não inteligível e absurdo, já que a razão do agir está na direção de alguma finalidade. Aliás, o princípio da razão suficiente é ainda mais abrangente. Ele deflui da natureza do ser como tal. Todo existente não pode existir sem ostentar a razão suficiente de si.

3. Causa final e o princípio da não contradição

Afirma o princípio da não contradição: nada pode ser e não ser sob o mesmo aspecto e ao mesmo tempo. Ora, do princípio do finalismo exsurge uma dúvida atroz. À primeira vista ele bate de frente e conflita com a não contradição. Pois o "fim" é causa de si mesmo. Isso quanto à existência e quanto à ordem de execução. Essa aparente contradição toma corpo, quando se analisa o princípio de causa eficiente pelo prisma da não contradição. Se a causa eficiente causar a si mesma, ela seria contraditória porque para agir deveria ser e, na hipótese, ela não existe, já que vai ser ainda a produtora de si mesma. Em outras palavras. Para que a causa eficiente possa produzir algo, ela, primeiro, deve de existir, mas, a fim de ser produtora de si mesma, ela não poderia estar existindo ainda. Ora, existir e não existir, eis a contradição.

Todavia, em se tratando da causalidade final, semelhante contradição não tem lugar. Com efeito, o fim não é um agente ou sujeito operante. Ele causa precisamente como não existente. O finalismo é a causa que se deixa mover por um não existente!

Eis, então, que cabe demonstrar que a contradição não é real e sim, apenas aparente. O argumento pede prova para a premissa menor.

O "fim intencional" (*in intentione*) não existe no plano real das coisas nem como produto ou resultado nem como termo ou alvo concreto. Se não existe, também não age nem opera. Porém, o fim se afigura como um "bem". A sua dimensão de bem exerce força atrativa. Portanto, ele causa mediante a força do valor que incorpora (*vis attrativa bonitatis*). Eis porque não é requerido que o fim exista na ordem real das coisas como produto ou alvo concreto. A causa eficiente só pode agir se existir antes de causar.

Coisa diversa, porém, em se tratando do finalismo. A força atrativa do valor-bem é tal que, embora não existindo, é apenas qual mero "possível", já tem capacidade de mover e causar. Ainda mais. É da essência do fim que embora não existindo, ele determina as condições para a própria existência.

Todavia, a contradição instalar-se-ia no argumento, se o "fim" fosse a causa imediata de si mesmo. Na verdade, ele se determina para o plano existencial apenas de modo mediato, isto é, mediante a causa eficiente que ele aciona e torna operativa. Ora, a única causa eficiente apta para receber o influxo movente de algo ainda não existente é o intelecto e a vontade. Eis a única causa eficiente que ele aciona e torna operativa. Assim, a única causa eficiente apta para receber o influxo movente de algo ainda não existente é o intelecto e a vontade. Aquele tem aptidão para captar a dimensão de "bem" de um ente não existente e aquela se deixa cativar, atrair e mover pelo reflexo do "valor-bem" que um mero possível incorpora. Uma vez acionada pela atração do "bem", a vontade se torna ativa, operante e causa eficiente.

4. Nexo entre causa final e eficiente

Há conexão essencial entre causa final e causa eficiente. É da natureza da causa final motivar e determinar a causa eficiente para agir. Isso ocorre desde o princípio do processo atracional. O movimento despertado pela causa final advém do seu teor de bondade, isto é, do seu conteúdo de coisa apetecível. Essa sua carga de "bem" que desencadeia força atrativa é denominada atração de bondade (*vis attractiva bonitatis*). A bem dizer, a causa final dá origem à causa formalmente como eficiente e exerce sobre ela vínculo de subordinação e dependência.

Isso ocorre de dois modos. Pois, o fim ou ainda não existe enquanto realização na ordem dos fatos (assim, a estátua na mente do artífice) ou, então, já está realizado (assim, a estátua exposta à venda). Tanto na primeira como na segundo hipótese, a causa final opera positivamente. Antes impele à consecução do que ainda não existe; depois, move no sentido de efetuar ou determinar nova dimensão do existente. Quer num caso quer noutro, o fim exerce a função causativa em sentido próprio e estrito. Isso ocorre não de modo direto, mas indireto.

5. Fim intencional e fim de execução

O fim intencional existe só no projeto de produção. É um mero executável ou exequível. Embora não existindo como executado, ele precede a causa eficiente e move-a por força do seu influxo atracional. Ele, assim, é formalmente causante.

O fim executado ou em fase de execução, também dito produto ou realização, já existe e é subsequente à causa eficiente porquanto esta opera sob o influxo atrativo da finalidade colimada pelo agente.

Por sua vez, o "fim intencional" (*finis in intentione*) pode ser visto de dois modos. Sob o aspecto de *in actu primo*, o fim é o bem atrativo em si enquanto ainda não exerce a força atracional e movente. O fim enquanto *in actu secundo* é a mesma coisa boa que move a causa eficiente, tornando-a operativa.

6. Finalidade subjetiva e objetiva

Por finalidade ou finalismo entende-se uma ordem ou adequada disposição de meios graças à qual algo é produzido ou conseguido. Ora, tal efeito pode ter duas dimensões: objetiva ou subjetiva.

a) Diz-se subjetiva a finalidade em estado consciente, isto é, se a causa eficiente for um sujeito apto a querer e a entender que conhece e apetece o fim formalmente como um bem.

b) Diz-se objetiva ou inconsciente, quando realiza ou persegue uma causa final sem conhecimento nem volição acerca do bem. Assim ocorre nas máquinas. Tal finalidade é dita também natural, quando está ínsita na natureza mesma das coisas que a persegue e apetece sem ter conhecimento do que realiza.

Claro que o finalismo *objetivo* se subordina ao finalismo *subjetivo* e dele depende. Assim, a ordem ou direcionamento das faculdades intelectiva e volitiva para seus objetos específicos. O ordenamento estrutural do intelecto para a verdade e da vontade para o bem é a condição fundante do exercício atual daquelas faculdades, mas isso supõe que algum agente estabeleceu aquela ordem.

Problema: Qualquer finalismo objetivo se subordina a um finalismo subjetivo?

Eis o problema bem atual nas ciências: toda finalidade objetiva se funda noutra subjetiva? Só uma causa inteligente pode responder por um finalismo?

Na resposta convém distinguir: finalidade objetiva meramente material e finalidade formal. A primeira só considera a estrutura finalística como tal e independente do fato de estar vinculada a uma causa consciente e inteligente.

A segunda vê o finalismo como oriundo de uma causa inteligente. Aí, existe consciência acerca da finalidade seja no agente próximo (o ser humano) seja no remoto, Deus. Esta é a finalidade intencional e cônscia que o quinto argumento defende.

281

CAPÍTULO III
SÍNTESES DA PROVA PELA QUINTA VIA

1. Segundo Jacques Maritain em Caminhos para Deus

"Neste planeta, onde pouco tempo nos é dado para passar do útero à sepultura, somente os homens são dotados de inteligência. É um fato que, no universo, uma imensidade de seres existe e age, mas não conhece nem pensa. É um fato que as atividades de todos esses seres obedecem a regularidades que se traduzem nas leis que nossa ciência estabelece e dão lugar à recorrência de periodicidade constante. Evoluem, avançam no tempo e o movimento de sua história é irreversível, mas a sua própria evolução está submetida às leis da natureza e à uma direção determinada sobre a qual a ciência nos fornece informações cada vez mais precisas. Quer consideremos as ações que elas exercem umas sobre as outras quer consideremos o movimento geral de sua história, as coisas estão, pois, comprometidas num sistema de relações regulares e orientadas num sentido, estavelmente, definido.
Isso mesmo demonstra que não é o acaso, mas uma intenção que opera no mundo. Na verdade, constâncias e uma orientação estável no próprio seio do diverso bastam para impedir que tudo seja reduzido ao acaso, pois, lhes falta uma razão de ser que não pode ser encontrada no diverso como tal.

Diante disso, quer dizer que se deve considerar o universo como uma máquina, ou, noutras palavras, como um arranjo de partes ligadas entre si por conexões extrínsecas (e diferenciadas umas das outras por modificações extrínsecas de sorte que, em última análise, sejam, como no puro mecanicismo de um Descartes, redutíveis ao puro homogêneo)? Essa hipótese é, em nossa opinião, filosoficamente errônea. Se, porém, a aceitarmos, estaremos propondo, em todo caso, do mesmo passo (e numa perspectiva inteiramente antropomórfica) uma intenção na origem do mundo, pois, em virtude justamente de seu conceito, uma máquina, em que tudo depende de um arranjo dos materiais, o qual não provém dos próprios materiais, supõe (pelo menos na origem, só admitirmos que se desenvolve de si, a partir de um estado simples) um plano de fabricação em dado espírito.

Ora, se o mundo não é uma máquina, é necessário, então, que seja uma república de naturezas, cada qual constituindo um princípio interno de atividade. O fato de que as coisas se acham contidas num sistema de relações regulares e são orientadas num sentido estavelmente definido significa que têm naturezas que são tendências radicais, que se identificam com certas estruturas ontológicas. Mas toda tendência é, por definição, tendência para alguma coisa; noutras palavras, é determinada pelo termo para o qual se orienta. E que termo é esse para o qual é orientada uma tendência senão algo a atingir, ou, por outra, um fim (que não existe como tal senão enquanto objeto da intenção de uma inteligência)?

Se esse fim atribuído às coisas só existe em nosso espírito, também a tendência em causa só existe em nosso espírito: nós a atribuímos metaforicamente às coisas; ela não existe realmente nelas. Se, ao contrário, a tendência em questão realmente existe nas coisas - se é uma tendência radical não passando de ser idêntica a certa estrutura ontológica - quer isso dizer que o fim que a determina existe numa inteligência que opera nas coisas. Mas as coisas que compõem o mundo da matéria são desprovidas de conhecimento e de inteligência: não é, pois, delas que pode proceder à intenção dos fins para os quais tendem. É preciso que essa intenção exista numa inteligência da qual as coisas dependam - e que seja, ao mesmo tempo, onipresente e separada das coisas.

Observe-se, de passagem, que os conceitos que acabamos de empregar, particularmente o de "natureza", têm os seus equivalentes funcionais não só nas noções ainda não tècnicamente elaboradas do senso comum, mas em toda metafísica que, mesmo possuindo conceptualizações e perspectivas nocionais inteiramente diferentes das da metafísica aristotélico-tomista, tem o sentido da variedade e da misteriosa energia ontológica imanente no real.

Assim, pois, é necessário chegar, afinal, à uma inteligência que tenha a intenção dos fins para os quais tendem as coisas e suas naturezas, e que a infunda ao ser, não somente na origem do mundo, mas constantemente - sem que ela mesma dependa, para existir e para ativar coisas e naturezas em vista de seus fins, de outra Inteligência que a precedesse no ser. Noutras palavras, é necessário chegar à uma causa primeira transcendente, cujo existir seja sua própria intelecção, e que dirija as coisas para seus fins sem ser ela mesma sujeita à causalidade de fim algum, mas pelo próprio ato no qual deseja a sua própria bondade, que é o seu mesmo ser" (p. 49-51).

2. Segundo Batista Mondin, no texto QUEM É DEUS?

"Os passos fundamentais da Quinta Via são:
1) a titulação: "A quinta via deduz-se da organização das coisas" (*quinta via sumitur ex gubernatione rerum*);
2) a designação do fenômeno de contingência: a teleologia do mundo sub-racional: "Nós vemos que algumas coisas que são desprovidas de conhecimento, isto é, os corpos físicos, operam em função de um fim, como se conclui do fato de que operam sempre ou quase sempre da mesma maneira para conseguir a melhor condição; daí deduz-se que atingem o próprio fim não por acaso, mas por uma predisposição";
3) a demonstração da contingência do fenômeno da teleologia (finalismo) mediante a aplicação do princípio de causalidade: a teleologia sub-racional exige alguém dotado de inteligência que a produza: "O que é desprovido de inteligência só tende ao fim porque é dirigido por um ser cognoscitivo ou inteligente como a flecha pelo arqueiro";
4) inferência do organizador supremo: "Portanto, existe um ser inteligente que ordena todas as coisas naturais para um fim; esse ser nós o chamamos Deus".

O que salta à vista, comparando a estrutura da Quinta Via com as demais, é a titulação e a ausência do apelo ao princípio do absurdo de uma série infinita. Quanto à titulação, que nas outras vias é deduzida do fenômeno de partida (o movimento, a causalidade, o necessário e o possível, os graus), aqui, ao invés de ser tomada do fenômeno inicial, o finalismo ou a teleologia, é tomada da conclusão: a ordem da própria natureza (*ex guvernatione rerum*). Quanto à ausência do apelo ao princípio do absurdo de uma série infinita de ordenadores, como observaram vários comentadores, é uma lacuna efetiva, mas facilmente superável e até explicável, pois, Tomás de Aquino já havia citado várias vezes, nas vias precedentes, a inutilidade e o absurdo de se tentar recorrer a uma série infinita de situações contingentes como resposta ao problema da contingência radical.

Qual o valor da Quinta Via? Historicamente, sempre foi a via mais percorrida, antes e depois de santo Tomás de Aquino. A essa via recorreram Platão, Aristóteles, Zenão, Fílon, Clemente de Alexandria, Orígenes, Plotino, Agostinho, Anselmo, Boaventura, Descartes, Malebranche, Vico, Leibniz, Wolff, Rosmini e outros. A respeito dela, Kant escreveu: "Ela merece ser sempre mencionada com respeito. Ela é a mais antiga, a mais clara, a mais adaptada à razão humana comum. Ela reaviva o estudo da natureza e deste recebe, por sua vez, a própria existência e uma força sempre nova". Como diz Kant, essa é a via das pessoas comuns. Estatísticas recentes confirmaram que mais de 80% dos americanos fundam a própria fé em Deus na ordem do cosmos.

Na minha opinião, esse vasto consenso a respeito da Quinta Via não pode ser nem casual nem arbitrário. É um título que confirma o seu valor.

A objeção mais frequente contra a Quinta Via vem daqueles pensadores (cientistas e filósofos) que consideram o finalismo (teleologia) uma projeção, sobre o mundo da natureza, de um princípio que vale exclusivamente para o mundo do homem: seria um típico exemplo de antropomorfismo. Mas essa objeção esconde uma grande ambiguidade: confunde o agir na direção de um fim com o ter consciência desse fim, quando é óbvio que se trata de coisas distintas; pode haver uma ação dirigida para um fim sem que quem a realiza tenha consciência dela. Por exemplo, um trem que viaja de Roma a Milão move-se na direção de um fim, mas não tem consciência dele. E é justamente por esse motivo - agir por um fim do qual não se tem consciência - que é preciso atribuir a consciência e a escolha do fim a alguém distinto do trem, isto é, ao maquinista.

A física moderna e as outras ciências da natureza podem dar alguma contribuição positiva, embora não substancial, à atualização da Quinta Via: a contribuição refere-se à documentação relativa ao fenômeno de partida, que é o finalismo (a teleologia) nos seres infrarracionais. As ciências físicas e biológicas podem mostrar dados novos a respeito desse fenômeno, dados incríveis e espetaculares, tanto no macrocosmo, que ficou infinitamente maior do que Aristóteles e Tomás de Aquino conheceram, quanto no microcosmo, que se tornou infinitamente menor. Mas, como nas vias anteriores, também, aqui, as ciências da natureza não têm nada a acrescentar à plataforma que nos lança para fora do cosmo e nos faz subir até Deus: a contingência radical. Pois, mesmo em relação aos novos dados sobre os quais se acha impressa a marca do finalismo, a preocupação e os objetivos da pesquisa científica permanecem sempre os mesmos: calcular com precisão, para poder controlá-los e utilizá-los. O objetivo da ciência é sempre o *quomodo* (de que modo) e o *cui prodest* (para que serve?), e não o *cur* e o *quia*, isto é, o "por quê".

No entanto, incorre em grave erro o cientista que, saindo do seu terreno e investindo-se de filósofo, pretende julgar as razões últimas da teleologia e propõe como explicação da ordem admirável que reina no cosmo o acaso (como fazem Crick, Monod e tantos outros), e não uma inteligência suprema. A tese do acaso como resposta à racionalidade inscrita na ordem da natureza é absurda, e quando é proposta por um cientista torna-se também claramente contraditória, pois, exibir o acaso como explicação para um fenômeno tão manifestamente racional como o do finalismo inscrito no mundo da natureza vai contra todos os pressupostos e todos os cânones da pesquisa científica, que tem como pressuposto a racionalidade do universo e como imperativo categórico não parar enquanto não conseguir decifrá-la integralmente" (p. 238 – 240).

3. Para João Ameal no texto
TOMAZ DE AQUINO

"A quinta e última via é enunciada por São Tomaz desta maneira. Vemos as coisas privadas de conhecimento atuarem segundo um fim; isto nos é manifestado pelo fato de sempre, ou quase sempre, se comportarem da mesma forma e de modo a realizarem o que seja melhor para elas. Não é, decerto, por acaso, mas em virtude de determinada intenção (*ex intentione*), que assim procedem. Ora, aquilo que é desprovido de conhecimento não pode tender a um fim se não for dirigido por um ser inteligente, como a flecha pelo sagitário. Existe, pois, o Ser Inteligente - a Primeira Inteligência - que orienta todas as coisas para o seu fim: Deus.

Esta prova, sem deixar de ser integralmente científica, é porventura a mais acessível ao senso comum. Qual de nós se furta à nítida percepção duma ordem que domina o universo e condiciona os atos de tudo quanto existe? Ainda uma vez, é o princípio de causalidade que serve para nos elevar, dessa ordem imediatamente apreendida, ao Supremo Ordenador.

Apenas, aqui, não se trata já da causa eficiente ou da causa formal; trata-se, sim, da causa final e ao princípio de causalidade vem somar-se o princípio de finalidade: todo o agente criado opera; para um fim. Na obra *Contra Gentiles*, o Doutor angélico se exprime com clareza a este respeito: Se cada agente não tendesse para certo e determinado efeito, todos os efeitos lhe seriam indiferentes; ora, o que é indiferente em relação a coisas diversas não chega a operar nenhuma delas; eis porque de tudo que é, dessa maneira, indiferente, nenhum efeito pode resultar a não ser por determinação estranha. O agente em questão (que não tenda para certo e determinado efeito) não poderá, portanto, atuar.

Prossigamos, todavia: como São Tomaz acentua, muito bem, em todas as coisas se verifica uma intenção a comandar a ação - de modo a realizar o que seja melhor para elas. É mesmo este conjunto de ações intencionais, orientadas para o bem do que as pratica que constitui a ordem geral do universo. Ora, uma ordem assim, uma finalidade tão vasta e tão harmônica, pressupõe uma inteligência anterior e superior - visto que exige um juízo a formular, uma proporção a estabelecer entre os meios e os fins, uma pré-concepção dos próprios fins na medida em que implicam uma unidade de ordem. Dir-se-á, porém: essa inteligência que ordena o mundo - será, forçosamente, aquilo que entendemos por Deus? Sem dúvida, porque o fim, nesta matéria, é equivalente ao bem. E, assim como um bem particular é o fim de cada ser ou de cada coisa em particular, é necessário que o bem universal seja um fim universal, o bem em si, o fim em si, o bem e o fim do ser, a sua fonte suprema, isto é, em resumo, a essência do Bem como fim de todo o ser. Eis porque nos devemos erguer da finalidade imanente a cada agente criado, à finalidade transcendente e universal - que só pode ser Deus" (p. 267-269).

4. Segundo Igino Giordani no texto Deus

"A elevada imaginação do poeta revestiu de aspectos iluminadores a prova teísta mais aristocrática, pois que foi elaborada também por Sócrates, Platão, Aristóteles e Cícero, até Voltaire e Rousseau, e, ao mesmo tempo, mais popular, por partir de um fato evidente às mais mesquinhas e obtusas dentre "as criaturas elevadas": o fato da vida unida e da propensão natural e racional de todas as coisas para o seu fim. É por isso que a designam também por prova teleológica ou finalista. E por esse motivo foi que os gregos chamaram ao mundo cosmo, que quer dizer ordem. Ele é belo - raciocinava Balbo no diálogo ciceroniano sobre a Natureza dos deuses; por conseguinte, não é possível tenha sido composto fortuitamente; seria o mesmo que querer tirar o poema de Ênio de um montão de letras do alfabeto lançadas ao acaso. A natureza, com os seus fenômenos, as suas criaturas e, sobretudo, o homem, mostrou a Aristóteles a direção de uma causa inteligente no universo. Galileu (1564-1642) que via no universo um projeto perfeitamente geométrico, percebeu nele a ação de um Geômetra divino. O Profeta descobrira no universo números, peso e medida. A Newton (1642-1727) Deus se apresentava como o autor da harmonia universal, dotado de infinidade. E até a Darwin (1809-1882) a ordem cósmica se afigurou o argumento principal em favor da existência de Deus, apesar de ter sido arrastado a um progressivo agnosticismo pelo problema do mal.

Como não é a confusão, mas sim a ordem que reina no universo, onde as coisas não são assimétricas, mas simétricas com as outras, e onde tudo harmonia, coesão e coordenação, a lógica exige se admita uma mente que a todas reuniu e concordou, gerando uma sinfonia universal: a mente de um Senhor que, apesar de não ser visto com os olhos, se depreende da ordem e da harmonia das coisas contrárias, como propulsor, ordenador e soberano delas. E esse conjunto, da mesma forma que uma cidade que, se bem composta de pessoas numerosas e diversas, pequenas e grandes, ricas e pobres, velhas e jovens, homens e mulheres, desenvolve a sua vida coletiva ordenadamente, com um sentimento de concórdia que une os diferentes membros, sem que os ricos esmaguem os pobres, sem que os grandes se oponham aos pequenos, sem que os jovens se revoltem contra os velhos, mas todos convivam igualmente em paz; tanto que, vendo-a tão bem regulada, argumentamos que a sua harmonia está determinada pela presença de um regente, muito embora o não possamos ver. Onde falta o regente, reina necessariamente a desordem.

As plantas carnívoras que cerram contra a vítima os seus tentáculos, como milhões de dróseras e dioneias que as precederam; a enguia que torna a subir rios e regatos e regressa, após anos, ao mar para aí desovar, seguindo percursos efetuados desde que existem as enguias; a andorinha que bica a argila para edificar o ninho com um processo que nunca lhe foi ensinado e que ela repete perenemente; a estrutura complexa de nervos e músculos dos olhos que lhes permite ver; a gravitação que leva os pesos para terra e a água para o mar; o quartzo que se cristaliza sempre da mesma forma, são todos seres e operações dirigidas para um fim, ordenadamente. A função da cor, da luz, do ar; a cooperação dos animais na reprodução das plantas e a cooperação das plantas na vida dos animais; a ação que exercem as estrelas sobre a terra e a terra sobre as outras estrelas, são todos fatos que ocorrem sem inteligência, mas que respondem a um plano inteligente. Ocorrem segundo uma ordem, como um raciocínio lógico; logo - argumentava Platão - supõem uma inteligência operadora. Feitos sem intenção, obedecem a uma intenção que os harmoniza com todas as belezas que compõem o universo, com a harmoniosa procissão dos mundos em suas órbitas, descobrindo nessa ordem uma intenção preordenada. Tudo aí tem a sua razão de ser e, de certo modo, como na comunhão dos santos, dá-se em todas as coisas do universo - desde os mundos imensos aos protões invisíveis - uma permuta, uma correspondência, em virtude da qual todos se sustentam e condicionam ao fim, que é o de executar um plano que os ultrapassa.

Mesmo entre evolucionistas se encara a evolução da vida como marcha progressiva, determinada por uma "telefinalidade que dirige a evolução no seu complexo"; isto é, admite-se "um escopo por atingir, com os métodos mais diversos.

Esse projeto só pode ter sido ideado e desenvolvido por um arquiteto anterior e superior à criação; e essa intenção só pode estar presente numa inteligência superior ao universo, distinta dele, e que conhece o fim de todas as coisas: é o arqueiro que dirige a flecha, Ser inteligente que impõe um fim, o último.

Dá-se-lhe o nome de Deus. Logo, Deus existe.

Quem dispôs, pergunta Santo Agostinho, os membros da pulga e do mosquito (*pulicis et culicis*), de modo que tenham uma ordem, uma vida, um movimento? Examina o menor animalzinho que queiras. Se tu consideras a ordem dos seus membros e a animação vital que o move, verás como foge à morte, como ama a vida, deseja os prazeres, evita as moléstias, exercita os vários sentidos, e como é forte dentro da sua medida. Quem deu o acúleo ao mosquito para sugar o sangue? Vês como é subtil a fístula com que o absorve? Aquele que fez no céu o anjo, fez na terra o verme minúsculo; esse alguém é Deus" (p. 78-82).

5. Segundo o professor Paoto Dezza, no texto escolar Filosofia

"No universo seja que visto nas partes, seja no seu complexo, constata-se uma evidente ordenação dos meios para os fins imediatos e dos fins particulares para os fins superiores e destes para o bem do todo.

Ora, ordenar os meios para o fim é próprio do intelecto. Eis porque se deve admitir uma inteligência ordenadora.

Devemos, então, concluir; que o supremo ordenador do universo é também o criador dele. Este é Deus" (p. 181-2).

CAPITULO IV
AS OBJEÇÕES

1ª Objeção:

O Deus dos teístas é um factótum. Figura o tipo do senhor-patrão que faz tudo em todos. Parece que não há espaço para seus subordinados. Ora, tal tipo de dominador não pode ser a imagem ideal da Suprema divindade.

Resposta:

É um equívoco pensar que o Supremo Ordenador acione, diretamente, os mecanismos da ordem mediante atos contínuos de intervenção. Nada mais errôneo. Deus colocou nas coisas mesmas, e nisso consiste o espetacular de sua sabedoria, o princípio intrínseco da finalidade. Princípio que constitui a natureza mesma das coisas, suas tendências e leis. Eis porque embora dependentes do Ser Supremo, as coisas se estruturam, operam e realizam-se por si mesmas. Eis porque do embrião emerge um animal que cresce e multiplica-se, sem que Deus interfira, com um ato novo, no curso de suas atividades vitais. Assim, a inteligência divina atua na raiz das coisas. Cada uma opera e age segundo a própria natureza programada, sem escapar dos seus parâmetros. Se falhar o instinto, o animal entra em pânico.

2ª Objeção:

Ninguém dúvida que a natureza exige um cabeça-ordenador. Porém, isso não quer dizer que tal cabeça seja também o produtor das coisas do mundo orgânico e inorgânico.

Resposta:

O argumento não postula apenas a existência do ordenador. Exige que o ordenador seja ainda idêntico ao produtor da natureza. Pois, o ordenador, no caso da natureza, é o mesmo que comunica à natureza a sua essência. Com efeito, ao ordenar, a inteligência suprema insere, no âmago da natureza de cada ser orgânico e inorgânico, as suas forças operativas. Ordenar, aqui, equivale a dar ao ser finito determinada essência com suas tendências inatas. Eis porque Deus organiza, fazendo as coisas.

3ª Objeção:
Segundo os cientistas ateus a molécula estruturada é fruto do acaso.

Resposta:

Um célebre estudo de P. Lecombe Du Nouy, obra traduzida para a língua italiana sob o título *L'avvenire dello Spirito*, demonstra que a molécula de proteína, composta de 2.000 átomos, tem, sim, uma probabilidade matemática de firmar-se por si e por acaso. No entanto, tal probabilidade para ser efetiva teria que superar tantos obstáculos infinitesimais que, na prática, seriam intransponíveis e a molécula jamais se formaria. E pensar que a hemoglobina e a clorofila são constituídas de centenas de milhares de moléculas. Por si, os seres mais simples, entregues à lei do acaso, ainda não existiriam, dada a época da origem do mundo como é conhecido pela ciência.

4ª Objeção:
Não se vê a necessidade de recorrer à existência de um ordenador para explicar as leis da natureza. Pois, a ordem nos astros provém

da gravitação; o desenvolvimento das células se explica pelas leis biológicas; os instintos são regidos por leis fisiopsíquicas, etc.

Resposta:

As referidas leis explicam e justificam, mas de modo próximo e imediato, já que revelam as tendências intrínsecas da natureza das coisas. Por isso mesmo tal mecanismo dispensa a intervenção direta, contínua e imediata do Ordenador. No entanto, aquelas leis funcionam justamente porque estabelecidas pelo Ordenador. Vale dizer. O que indica e prova a existência de um Ordenador inteligente é bem a sabedoria que tais leis incorporam.

5ª Objeção:

A par da ordem, há tanta desordem (males, sofrimentos, furacões, inundações, etc.)

Resposta:

a) O argumento prova pela ordem real e existente.
b) A desordem apenas põe em realce a ordem das coisas.
c) Também as desordens têm a sua explicação no contexto geral da ordem.

6ª Objeção:

O fim da evolução é um ideal cego a ser realizado, independentemente de qualquer idealizador consciente e inteligente.

Resposta:

Se evolução existe e está em marcha, então, ela teve um princípio, uma base de onde partiu. Ora, não há como não relacionar o fim que o impulso evolutivo persegue e uma inteligência na base. Pois, o fim colimado é a "causa das causas" que só age e opera desde que entendido por uma intelecto e querido por uma vontade. É mediante a inteligência de alguém que o fim realiza sua causalidade. Se, no entanto, faltar um ser inteligente, como poderá o fim ter a eficiência causativa? Como poderia operar o projeto ou o idealizado sem fazer parte de uma cabeça pensante?

7ª Objeção:
A evolução dispensa apelar para Deus porque ela mesma é a lei do progresso.

Resposta:

O objetante confunde lei com causa. Lei é a descrição do procedimento sistemático de um fato. A lei da gravitação de Newton diz porque os corpos se aproximam um do outro, mas não explica a natureza da gravitação como tal.

Assim também referir-se à lei do progresso para explicar a linha do desenvolvimento da natureza, nada mais é que pôr em evidência um fato. A questão, agora, é explicar a origem daquele fato. Não basta constatar que o impulso para novas formas conduz a macha dos acontecimentos. Cabe ainda explica o que é que impulsiona para o futuro a natureza? Que é que a projeta nesta e não naquela direção? Que é que direciona para a realização de um projeto e não para o caos?

Portanto, matéria prima e forma substancial, são verdadeiras causas da substância corpórea.

CAPÍTULO V
O FINALISMO NA HISTÓRIA DA FILOSOFIA

1. Filosofia grega

1. Os atomistas negam a validade do princípio da causa final. Leucipo e Demócrito de Ábdera (século IV a.C) encontram nas leis do movimento espacial dos átomos a explicação que dispensa o finalismo. Tudo procede da mutação mecânica dos componentes últimos da matéria. O vir a ser das coisas resulta da configuração dada pela combinação dos átomos movidos, deterministicamente, desde a eternidade.

Empédocles aceita a presença de elementos que influem no vir a ser das coisas, mas sem incidência finalística. Mais tarde, Epicuro e seus discípulos irão perpetuar o mecanismo dos automistas em conflito com a causalidade final.

O primeiro a visualizar a causa final foi Anaxágoras de Clazômenas (500-428 a.C), com a teoria das "homeomerias", ele explica que a mutação e a variedade dos seres resultam do fato de serem os átomos corpúsculos qualitativamente desiguais de sorte a permitirem uma soma incontável de combinações. Já que os átomos possuem partes iguais (homo - igual – meros – parte), de certo modo, então, "tudo está em tudo". Mas a causa do devir prende-se a duas matrizes: o movimento espacial dos átomos e a Mente Suprema. Enquanto os atomistas se contentavam com a força mecânica e cega do movimento, Anaxágoras introduz um elemento novo. A ordem no cosmo é produto da Mente Superior (*Noús*).

2. Platão (407 – 399 a.c) aceita tanto a causa eficiente quanto a final. É também favorável ao processo da tendência que aproxima as realidades terrestres e históricas dos modelos ou seus precursores consubstanciados nos arquétipos das ideias eternas. Nessa relação entre o mundo de baixo e o mundo superior é que entra o conceito de finalismo.

Platão elabora a teoria do "amor atracional" (*Éros*) que impulsiona para o encontro entre o mundo das realidades imperfeitas e o das realidades perfeitas e consumadas.

Merece, então, ressalto o texto do "Timeu" que eleva a ordem finalística, ínsita no mundo, à categoria de demiurgo.

3. Aristóteles (384-322 a.c) descobre que a causa final opera como motor da causa eficiente. Ele usou o termo "enteleguéia" para designar a tendência natural de uma substância para a própria perfeição. Ele ainda faz da ordem universal uma finalidade, já que todo movimento procede de um primeiro motor que, por sua vez a tudo move pela força atrativa do amor de modo que o cosmo na sua globalidade é movido como algo amado qual fim colimado pelo intelecto supremo.

2. Idade Média

1.- No mundo cristão, Agostinho de Hipona (354-430) aplica o princípio do finalismo à visão espiritualista da teologia cristã. Afirma que o homem, movido pela inquietude do coração, busca a Deus qual meta derradeira de sua trajetória existencial.

Ele fala das "razões seminais" como modelos direcionais que orientam os seres humanos na concretização de fins histórico-culturais.

2.- Tomás de Aquino (1225-1274) erigiu os primeiros princípios, incluindo neles o finalismo, à função de estrutura da racionalidade e de toda a lógica. Em particular deu ênfase ao princípio da finalidade ao estabelecer a fórmula: *Omnis agens, agit propter finem*, ou seja, "quem age, age para um fim" (*Contra gentiles*, III, 2 e 3).

3. Idade Moderna

1.- David Hume (1711-1776) é o maior contestador do princípio da causalidade. Se a causa eficiente não o convence sobre sua objetividade, muito menos iria convencê-lo o finalismo.

2.- René Descartes (1596-1650) não exclui a causalidade final, mas, ao reduzir toda a física do cosmo ao movimento espacial, ele privilegia a causa eficiente sem dar o devido destaque à causalidade final.

3.- Barueh Spinoza (1632-1677) cultua o método geométrico de Descartes e não enxerga lugar para o raciocínio conduzido pelo finalismo.

4.- Leibniz (1646-1716), no princípio, era adepto ferrenho do mecanismo cartesiano. Depois, com sua teoria da "harmonia pré-estabelecida" incorporou a globalidade cósmica no panteismo que dispensa qualquer busca ou tendência fora ou além do dinamismo errado do ser uno e único.

5.- C. Wolf (1679-1764), acolhe o princípio do finalismo, mas dilui-o numa forma esgarça de antropomorfismo.

6.- E. Kant (1724-1804) A causa final figura entre as categorias "a priori" dos seus esquemas. Mas na obra "Crítica do Juizo", Kant trata do finalismo. Todavia, sua aplicação teria valor relativo e subjetivo, já que seu alcance ficaria restrito ao exercício do livre arbítrio. Enquanto o mundo físico é regulado pela autoridade eficiente, o mundo moral seria a "ordem dos fins".

7.- Schoppenhauer (1788-1860) e outros idealistas como Eduardo V. Hastman admitem o finalismo, mas não o distingue da visão panteista da globalidade.

8.- Os positivistas rejeitam a concepção teleológica e reduzem tudo à dinâmica dos fenômenos observáveis.

9.- Os materialistas negam a existência das causas finais, já que tudo é regido pela necessidade determinística do acaso. Por sua vez, o "Materialismo Dialético" de Karl Marx (1818-1883) e Engels (1820-1895), embora privilegie a causa eficiente no plano da produção industrial, reconhece o finalismo como elemento orientador da ação humana.

10.- Nietzsche (1844-1900), com o princípio do "eterno retorno ao mesmo", exclui o finalismo. Ao invés de causalidade ele prefere falar da "eterna estultícia da necessidade" (*Dumme Notwendigkeit*).

11. No existencialismo extremo, fatalista e absurdo de Jean Paul Sartre (1905-1980) também não há lugar para o princípio da finalidade. O ser do homem equivale ao seu livre-projeto-existencial. Assim sendo, Sartre elemina o sentido "tendencional" do dever-ser que implica o dinamismo da causa final com seu peso atracional.

4. Atualiadade

1.- Wilhelm Dilthey (1833-1911) distingue as "ciências da natureza" e "as ciências do espírito". Nas primeiras imperam as leis frias da causalidade eficiente, enquanto nas segundas vigora impulso finalístico da vivência. A dimensão histórico cultural se projeta em estruturas como objetivações do espírito humano cujo dinamismo "cria" para "entender" e entende para "reviver", "reproduzindo". Eis que os termos *erlehen, verstehen, macherlehen* e *nachilden* constroem a perspectiva vivencial de horizonte finalístico. Assim, implicitamente, Dilthey trabalha com o conceito de finalidade.

Não faltam também cientistas da natureza como a biológica que procuram explicação fora do puro mecanismo materialista.

2.- O cavalo de Troia, nesta questão do finalismo, é o problema do "acaso". Entende-se por "acaso" o que ocorre por conta da mera coincidência de fatores sem ordenação prévia. O acaso seria sinônimo de negação de intencionalidade racional e de finalidade causal. "Jacques Monod, prêmio Nobel, celebrizou-se com seu livro *"Le hasard et la nécessité. Essai sur la philosophie naturelle de la biologie moderne"*, Paris, 1970. O autor nega categoricamente o princípio da causalidade em geral e do finalismo em particular. Ele aceita, sim, a existência de certo direcionamento "teleonômico" nos organismos vivos. Os seres vivos manifestam algum "fim". Resultam de algum tenebroso projeto. No entanto, nega que tal fim e tal projeto devam ser interpretados segundo os cânones da racionalidade. Tudo, aí, advém do puro acaso (*"hasard"*).

Na opinião de Monod, somente o acaso é a origem de qualquer novidade, de qualquer criação em biosfera. O puro acaso, apenas o acaso, a liberdade absoluta, mas cega, é que está na raiz do prodigioso